AML／CFT
マネロン・
テロ資金供与対策
キーワード144 第4版

EYストラテジー・アンド・コンサルティング[編著]

一般社団法人 金融財政事情研究会

はしがき

　本書は、2018年の初版以来、三度版を重ねた『マネロン・テロ資金供与対策キーワード100』（監修執筆：和家泰彦ら）の第4版です。

　FATFの第4次対日相互審査において日本は、マネロン・テロ資金供与対策に係る法令等の整備をさらに進める必要があること、また、多くの金融機関ではリスクベース・アプローチが不十分であり、顧客管理が適切に行われていないなど、その取組み（有効性）について厳しい指摘がなされました。これを受けて政府は、資産凍結措置の強化、暗号資産等への対応の強化、マネロン対策等の強化のための「FATF勧告対応法」を制定しました。あわせて金融機関に対しては、対策の有効性向上を強く求めています。

　一方、金融庁が2024年6月に公表した「マネー・ローンダリング等対策の取組と課題」では、特殊詐欺など金融サービスの不正利用対策が「目下の最重要課題」として対策強化を求めています。不正利用事案が多発する状況が続けば、2028年に予定されているFATF第5次対日相互審査でも、マネロン対策の有効性に大きな疑問符がつけられるおそれもあります。

　本書は、上記のような情勢変化を映して大幅に改訂を行いました。特にFATF第4次対日相互審査で指摘された、取組みならびに法令等整備上の課題を図示したうえで、関係者が共有していくべき認識・キーワードを整理しました。また、FATFによる拡散金融対策のリスクベース・アプローチ適用を受けて2024年4月に財務省が制定した外為法遵守ガイドラインなど、経済制裁の枠組みを解説しています。

　本書が、主に金融機関役職員にとってそれぞれ立場でマネロン・テロ資金供与・拡散金融、そして金融サービスの不正利用の攻勢から自社を守る態勢を築くうえで共通の道しるべになれば幸いです。

2024年12月

［編著者紹介］

EYストラテジー・アンド・コンサルティング株式会社

EYストラテジー・アンド・コンサルティング株式会社は、経営コンサルティングと戦略的トランザクション支援サービスを展開するEYグローバルのメンバーファームで、専門性の高いスキルと豊富な経験をもつ世界中のEYメンバーとともにチームを組成し、クライアントの業績向上に向けたビジョンを達成すべく、長期の取組みをともにする総合アドバイザーである。
詳しくはhttps://www.ey.com/ja_jp/about-us/ey-strategy-and-consultingを参照。

緒方　兼太郎（パートナー）

中央省庁や外資系金融機関等での勤務を経て、2015年新日本有限責任監査法人に入社、2020年以降はEYストラテジー・アンド・コンサルティング株式会社にて、国内外の金融機関等に対するAML/CFT態勢高度化を含むガバナンス、リスク管理、コンプライアンスの案件に幅広く従事。

福島　俊一（元アソシエートパートナー）

財務省国際局で外国為替室長と資金移転対策室長、同北海道財務局で金融監督官を歴任し、EYストラテジー・アンド・コンサルティング株式会社では、メガバンク、政府系および地域金融機関のAML支援を担当し、現在、北海道信用組合協会専務理事。FATF第4次相互審査で対シンガポール審査員を務める。

伏島　真樹（シニアマネージャー）

株式会社三菱UFJ銀行に勤務後、2016年に新日本有限責任監査法人に入社、2020年以降は現在のEYストラテジー・アンド・コンサルティング株式会社にて、メガバンク、外資系金融機関、保険会社、証券会社、仮想通貨交換業者等に対するコンプライアンスやAML/CFT態勢強化の案件に多数従事。

吉田　和仁（マネージャー）

金融庁やジェトロ（日本貿易振興機構）などでの勤務を経て、2022年にEYストラテジー・アンド・コンサルティング株式会社に入社。金融庁ではFATF関連の業務や市場監視業務、金融商品取引業者の監督・検査などの業務を担当。現在は主に

銀行、証券会社等金融機関におけるAML/CFT態勢の高度化支援や規制対応支援等の案件に従事。

岡安　洋介（マネージャー）

2020年にEYストラテジー・アンド・コンサルティング株式会社に入社。2022〜2024年、金融庁総合政策局リスク分析総括課マネーローンダリング・テロ資金供与対策企画室に勤務し、銀行、資金移動業者、暗号資産交換業者の検査やモニタリングを担当。その後、EYに戻り、主に銀行、資金移動業者等のAML/CFT支援に従事。

本書の構成

　本書は、金融庁策定の「マネー・ローンダリング及びテロ資金供与対策に関するガイドライン」（以下「金融庁ガイドライン」）の構成に沿って、対策の全体像と方法論を解説したハンドブックです。

　全体像と方法論（リスクベース・アプローチ）と管理態勢に分けた各部はそれぞれ、Q&A形式でマネロン・テロ資金供与と対峙するうえでの心構えとグローバルスタンダードを解説した後、日々の金融機関業務を遂行するうえで知っておくべきキーワードを、国内の法令やガイドラインで使われている用語と紐付けて説明しています。また、当該用語が使われている文書名のレファレンス、見出し語の英訳を記載しています。巻末の索引からの逆引きとあわせて、金融機関に限らず特定事業者全般の全役職員向けの研修や、関連資格取得のための学習を助けます。

　資料編は、金融庁や警察庁の報告書、報道記事で取り上げられたマネロン等事案を紹介しています。日頃の業務において「この取引は何かが怪しい」と気づけるリスク感性を磨くうえでの、いわば他山の石として活用してください。

　なお、本書における「マネロン・テロ資金供与対策」とは、マネロン・テロ資金供与のリスクおよび拡散金融対策を含む経済制裁リスクへの対応、ならびに特殊詐欺事案等の急増を背景にした金融サービスの不正利用対策を総称したものを指します。

凡　例

本書における略称	法令・ガイドライン等
外為法	外国為替及び外国貿易法（昭和24年法律第228号）
外為法遵守ガイドライン	外国為替等取扱業者のための外為法令等の遵守に関するガイドライン（2024年4月：財務省）
暴力団対策法	暴力団員による不当な行為の防止等に関する法律（平成3年法律第77号）
麻薬特例法	国際的な協力の下に規制薬物に係る不正行為を助長する行為等の防止を図るための麻薬及び向精神薬取締法等の特例等に関する法律（平成3年法律第94号）
組織的犯罪処罰法	組織的な犯罪の処罰及び犯罪収益の規制等に関する法律（平成11年法律第136号）
テロ資金提供処罰法	公衆等脅迫目的の犯罪行為のための資金等の提供等の処罰に関する法律（平成14年法律第67号）
金融機関等本人確認法	金融機関等による顧客等の本人確認等に関する法律（平成14年法律第32号）
改正金融機関等本人確認法	金融機関等による顧客等の本人確認等及び預金口座等の不正な利用の防止に関する法律（平成16年法律第164号）
犯罪収益移転防止法	犯罪による収益の移転防止に関する法律（平成19年法律第22号）
振り込め詐欺救済法	犯罪利用預金口座等に係る資金による被害回復分配金の支払等に関する法律（平成19年法律第133号）
資金決済法	資金決済に関する法律（平成21年法律第59号）
国際テロリスト財産凍結法	国際テロリストの財産の凍結等に関する特別措置法（平成26年法律第124号）
IR整備法	特定複合観光施設区域整備法（平成30年法律第80号）
FATF勧告対応法	国際的な不正資金等の移動等に対処するための国際

iv

	連合安全保障理事会決議第1267号等を踏まえ我が国が実施する国際テロリストの財産の凍結等に関する特別措置法等の一部を改正する法律（令和4年法律第97号）
BCBSガイドライン	マネー・ローンダリング及びテロ資金供与リスクの適切な管理に係るガイドライン（2014年1月策定、2020年7月改訂：バーゼル銀行監督委員会）
金融庁ガイドライン	マネー・ローンダリング及びテロ資金供与対策に関するガイドライン（2018年2月公表、2019年4月、2021年2月および7月改正：金融庁）
FAQ	「マネロン・テロ資金供与対策ガイドラインに関するよくあるご質問（FAQ）」（2021年3月策定、2024年4月改訂）
金融庁「取組と課題」	「マネー・ローンダリング及びテロ資金供与対策の現状と課題」（2018年8月、2019年9月）、「マネー・ローンダリング・テロ資金供与・拡散金融対策の現状と課題」（2022年3月、2023年6月）、「マネー・ローンダリング等対策の取組と課題」（2024年6月公表）。

〔年表〕 マネロン・テロ資金対策をめぐる世界と日本の動向

国際的な動き	日本国内の動き
	2015.10 国際テロリスト財産凍結法の施行
	2016.10 改正犯罪収益移転防止法の全面施行 （2014年11月改正分）
2018.10 FATF勧告15「新技術の悪用防止」の改定 （仮想通貨交換業者等にはマネー・ローン ダリング等の規則が適用されるべきことを 規定）	2018.2 金融庁ガイドラインを公表
2019.10 第4次FATF対日相互審査（オンサイト） 〜11 の実施	2019.4 金融庁ガイドラインの一部改正 2019.5 改正犯罪収益移転防止法成立 （「仮想通貨」の用語を「暗号資産」に変 更、暗号資産管理業務等に対する規制範囲 の拡充） 2020.5 改正犯罪収益移転防止法の施行 （2019年5月成立分）
2021.6 FATFにおいて対日相互審査報告書の審議	2021.2 金融庁ガイドラインの一部改正 2021.3 金融庁、ガイドラインのFAQを公表
2021.8 FATF、対日相互審査報告書を公表 ＊「重点フォローアップ国」と認定 ＊リスクベース・アプローチや継続的顧客 管理が不十分 ＊金融機関等に対するリスクベース・アプ ローチに基づく監督が不十分 ＊マネロン・テロ資金供与に係る捜査・訴 追等の不備など	2021.8 マネロン・テロ資金供与・拡散金融対策政 策会議、「マネロン・テロ資金供与・拡散 金融対策に関する行動計画」を公表
	2022.5 「マネロン・テロ資金供与・拡散金融対策 の推進に関する基本方針」の公表 2023.6 改正犯罪収益移転防止法の成立 （高額電子移転可能型前払式支払手段発行 者および電子決済手段等取引業者等を特定 事業者に追加）

国際的な動き	日本国内の動き
	2023.6 改正犯罪収益移転防止法の施行 （2023年6月改正分および同年12月改正分 の一部） 2023.11 財務省、外為法遵守ガイドラインを公表 2023.12 改正犯罪収益移転防止法の成立 （士業者が行う取引時確認に係る事項の追 加、暗号資産の移転に係る通知義務の導入 等） 2024.4 改正外為法施行 （経済制裁措置の実効性確保のため、外国 為替取引等取扱業者が外国為替取引等（支 払等、為替取引または資本取引等）を行う にあたって遵守すべき基準を規定） 2024.6 金融庁「マネー・ローンダリング等対策の 取組と課題（2024年6月）」を公表
2028.8　FATF第5次対日相互審査オンサイト（予 　　　　定） 2029.2　FATF第5次対日相互審査報告書の審議 　　　　（予定）	

年　　表　vii

目　次

第Ⅰ部　マネロン・テロ資金供与対策の枠組み

Q1.1　金融庁の「マネー・ローンダリング及びテロ資金供与対策に関するガイドライン」とはどういうものですか。……………………2

Q1.2　財務省の「外為法遵守ガイドライン」とはどういうものですか。……………………………………………………………2

Q1.3　マネロン・テロ資金供与対策に関する国際基準には、どういうものがありますか。……………………………………4

Q1.4　FATFによる第4次対日相互審査の結果と主な指摘事項はどういうものですか。……………………………………9

Q1.5　FATFによる第4次対日相互審査の結果から学ぶべき教訓はどのようなものですか。……………………………11

Q1.6　FATF第4次対日相互審査で、日本よりも犯罪やマネロンが多いと思われる国が日本より成績が良いのはなぜですか。…………11

Q1.7　FATF対応が不十分だと、どういう不都合があるのですか。……14

Q1.8　金融機関および特定非金融業者・職業専門家（DNFBP）に該当しない一般事業会社は、マネロン・テロ資金供与対策に関し、どのような対応が求められますか。……………………14

Q1.9　金融庁が2024年6月に公表した「マネー・ローンダリング等対策の取組と課題」では、金融サービスの不正利用対策が「目下の最重要課題」とされています。それはなぜで、金融機関はどのような対応を求められているのですか。……………15

viii

Ⅰ　マネロン・テロ資金供与対策（AML/CFT）の枠組みを理解するための キーワード

- マネー・ローンダリングおよびテロ資金供与対策（AML/CFT）……… 18
- 金融システム ……………………………………………………………… 19
- 犯罪による収益の移転防止に関する法律（犯罪収益移転防止法）……… 20
- 特定事業者 …………………………………………………………………… 20
- 取引時確認 …………………………………………………………………… 23
- 特定事業者作成書面 ………………………………………………………… 24
- 外国為替及び外国貿易法（外為法）………………………………………… 25
- 外国為替検査 ………………………………………………………………… 26
- 外為法遵守ガイドライン …………………………………………………… 27
- 経済制裁措置または資産凍結等の措置 …………………………………… 28
- 制裁対象者リスト（制裁リスト）………………………………………… 32
- 貿易規制 ……………………………………………………………………… 32
- キャッチオール規制 ………………………………………………………… 33
- 資金使途規制 ………………………………………………………………… 34
- 拡散金融 ……………………………………………………………………… 34
- OFAC（米国財務省外国資産管理局）…………………………………… 35
- セカンダリー・サンクション（制裁の域外適用）……………………… 36
- 送金取扱金融機関等 ………………………………………………………… 36
- 自動照合システム …………………………………………………………… 37
- 取次金融機関等 ……………………………………………………………… 37
- 組織的犯罪処罰法 …………………………………………………………… 38
- 組織犯罪対策要綱 …………………………………………………………… 38
- 国際テロリスト財産凍結法 ………………………………………………… 39
- リスクベース・アプローチ（RBA）……………………………………… 39
- 金融活動作業部会（FATF）………………………………………………… 40
- FATF勧告 …………………………………………………………………… 41

目　次　ix

- ■FATF勧告の解釈ノート ……………………………… 44
- ■FATFの相互審査 …………………………………… 44
- ■FATF相互審査のメソドロジー ………………………… 47
- ■技術的（法令）遵守状況 ………………………………… 47
- ■有効性審査 …………………………………………… 48
- ■FATF相互審査のフォローアップ・プロセス ……………… 50
- ■バーゼル銀行監督委員会（BCBS）……………………… 53
- ■ウォルフスバーグ・グループ …………………………… 54
- ■対応が求められる事項 …………………………………… 55
- ■対応が期待される事項 …………………………………… 55
- ■先進的な取組み事例 ……………………………………… 56
- ■フォワード・ルッキング ………………………………… 56
- ■ステークホルダー ………………………………………… 57

第Ⅱ部　リスクベース・アプローチ

Q2.1　金融庁ガイドラインがマネロン・テロ資金供与対策の手法として あげるリスクベース・アプローチとはどういうものですか。 …60

Q2.2　なぜ、マネロン・テロ資金供与対策としてリスクベース・アプローチは有効とされるのですか。 ……………………………… 60

Q2.3　リスクベース・アプローチは法令化されていないのですか。 …61

Q2.4　実際にリスクベース・アプローチ（RBA：リスクの特定、評価、低減）はどのようなプロセスで進めればよいですか。 …………… 62

Q2.5　リスク低減措置は具体的にどのようなものがありますか。 …… 63

Q2.6　地域金融機関等の中小金融機関にとってマネロン・テロ資金供与に巻き込まれそうな業務としては、いちばんに海外送金を思い浮かべます。特に留意すべき点を教えてください。 ……………… 64

Q2.7　いわゆる反社の口座がありますが、生活口座であることが確認

できていれば、このまま取引を継続してもよいですか。……………… 65

Q2.8 本人確認未済の稼働中口座が多数あります。このまま取引を継続してもよいですか。……………………………………………… 67

Q2.9 協同組織金融機関において、会員・組合員は低リスク顧客という理解でよいですか。…………………………………………… 67

Q2.10 顧客リスク評価はどのように行えばよいですか。……………… 68

Q2.11 高リスク顧客については、どのようにリスク低減を行えばよいですか。……………………………………………………………… 69

Q2.12 継続的顧客管理では、どのような点に留意すべきですか。…… 70

Q2.13 取引モニタリングはどのように行えばよいですか。…………… 71

Q2.14 疑わしい取引の届出の分析はどのように行えばよいですか。…… 72

Q2.15 2024年6月に金融庁が公表した「マネー・ローンダリング等対策の取組と課題」で、「目下の最重要課題」とされた、金融サービスの不正利用対策に対して、金融機関は具体的にどのようなリスクベース・アプローチで取り組めばよいですか。……………… 73

Ⅱ リスクベース・アプローチ（RBA）を理解するためのキーワード

■犯罪収益移転危険度調査書 ………………………………………… 75

■拡散金融リスク評価書 ……………………………………………… 75

■疑わしい取引の届出 ………………………………………………… 76

■FIU（金融情報機関）……………………………………………… 77

■真の口座保有者 ……………………………………………………… 77

■リスクの特定 ………………………………………………………… 78

■リスクの評価 ………………………………………………………… 79

■リスクの低減 ………………………………………………………… 79

■デ・リスキング ……………………………………………………… 80

■インターネットバンキング ………………………………………… 80

■非対面決済 …………………………………………………………… 81

目　次　xi

- ■ リスク許容度 ………………………………………………………… 81
- ■ 顧客管理（カスタマー・デュー・ディリジェンス）………………… 81
- ■ 休眠口座 ………………………………………………………………… 82
- ■ 個人番号（マイナンバー）カード …………………………………… 83
- ■ 全銀協参考例 …………………………………………………………… 84
- ■ 継続的顧客管理 ………………………………………………………… 84
- ■ 特定取引 ………………………………………………………………… 85
- ■ 高リスク取引 …………………………………………………………… 86
- ■ 公的個人認証サービス ………………………………………………… 88
- ■ 実質的支配者（受益者）……………………………………………… 88
- ■ 実質的支配者リスト制度 ……………………………………………… 89
- ■ 公証人による「申告受理及び認証証明書」………………………… 90
- ■ 外国人（顧客の本人確認）…………………………………………… 90
- ■ 外国PEPs ……………………………………………………………… 91
- ■ 特定国等 ………………………………………………………………… 92
- ■ 厳格な顧客管理 ………………………………………………………… 92
- ■ 簡素な顧客管理 ………………………………………………………… 93
- ■ リスクスコアリング …………………………………………………… 94
- ■ 顧客の受入れに関する方針（顧客受入方針）……………………… 94
- ■ 取引モニタリング・フィルタリング ………………………………… 95
- ■ 異常取引 ………………………………………………………………… 96
- ■ 制裁対象取引 …………………………………………………………… 96
- ■ 記録の保存 ……………………………………………………………… 97
- ■ 確認記録 ………………………………………………………………… 97
- ■ ITシステムの活用 …………………………………………………… 98
- ■ データ管理（データ・ガバナンス）………………………………… 98
- ■ モデル・リスク管理に関する原則 …………………………………… 99
- ■ データクレンジング …………………………………………………… 100

- ■ 海外送金 ……………………………………………… 100
- ■ SWIFT …………………………………………………… 101
- ■ コルレス契約 ……………………………………………… 101
- ■ シェルバンク ……………………………………………… 102
- ■ RMA ……………………………………………………… 102
- ■ 業務委託先 ………………………………………………… 103
- ■ 電信送金 …………………………………………………… 104
- ■ 中継金融機関 ……………………………………………… 104
- ■ カバー送金 ………………………………………………… 105
- ■ シリアル送金 ……………………………………………… 105
- ■ ストレート・スルー・プロセシング ………………………… 106
- ■ トラベルルール …………………………………………… 106
- ■ ブロックチェーン分析ツール ……………………………… 106
- ■ 輸出入取引等に係る資金の融通および信用の供与等（貿易金融）……… 107
- ■ 特定非金融業者／職業専門家（DNFBP）………………… 108
- ■ ペイヤブル・スルー・アカウント ………………………… 108
- ■ FinTech …………………………………………………… 109
- ■ 金融包摂 …………………………………………………… 109
- ■ RPA ……………………………………………………… 110
- ■ 団　　体 …………………………………………………… 111
- ■ 法人成り …………………………………………………… 111
- ■ マネー・ローンダリング対策共同機構 …………………… 112

第Ⅲ部　管理態勢とその有効性の検証・見直し

Q3.1　リスクベース・アプローチの考え方を取り入れたマネロン・テロ資金供与対策の方針・手続・計画等を策定しました。これらをどのように運営していけばよいですか。 …………………… 114

目　次　xiii

Q3.2 経営陣は、マネロン・テロ資金供与対策をどのように主導して
いけばよいですか。 ……………………………………………… 116

Q3.3 マネロン・テロ資金供与等に巻き込まれると経営に甚大な影響
が及ぶ可能性があるのはわかりましたが、その対策は経営戦略上
どのように位置づけるべきものですか。 ……………………… 116

Q3.4 金融機関が全社的にマネロン・テロ資金供与対策に取り組む
えで、だれがどのような役割を担うのが適切ですか。 ………… 117

Q3.5 当行は海外支店を有するほか、証券子会社や他県の地銀等と金
融グループを形成しています。マネロン・テロ資金供与対策等は
当行だけで完結させてよいものですか。 ……………………… 119

Q3.6 マネロン・テロ資金供与対策等を全社的に整備・強化するため
には、どのような人材を確保し、育成していけばよいですか。 … 120

Q3.7 今後のマネロン・テロ資金供与対策等では有効性が重要な柱に
なると思います。規程類は整備しましたが、有効性対策として、
どのように対応すればよいですか。 …………………………… 121

Q3.8 マネロン・テロ資金供与対策等に係る監査はどのように行えば
よいですか。 …………………………………………………… 122

Ⅲ 管理態勢を理解するためのキーワード

■PDCA ……………………………………………………………… 125
■経営陣の関与・理解 ……………………………………………… 125
■３つの防衛線 ……………………………………………………… 126
■第１の防衛線（第１線） ………………………………………… 126
■第２の防衛線（第２線） ………………………………………… 127
■第３の防衛線（第３線） ………………………………………… 128
■グループベースの管理態勢 ……………………………………… 128
■個人情報保護法 …………………………………………………… 129
■職員の確保、育成等 ……………………………………………… 130

- 金融庁によるモニタリング …………………………………… 131
- 資金決済法 ……………………………………………………… 132
- 為替取引分析業 ………………………………………………… 133
- テロ資金提供処罰法 …………………………………………… 134
- 振り込め詐欺救済法 …………………………………………… 135
- 犯罪利用預金口座等 …………………………………………… 136
- 国民を詐欺から守るための総合対策 ……………………… 136
- デジタル社会の実現に向けた重点計画 …………………… 137
- 暴力団対策法 …………………………………………………… 137
- 暴排（反社排除）条項 ……………………………………… 138
- 反社会的勢力 …………………………………………………… 139
- 共 生 者 ………………………………………………………… 139
- 預金取扱金融機関 ……………………………………………… 140
- 貸 金 庫 ………………………………………………………… 141
- カントリーリスク ……………………………………………… 141
- 保険会社等 ……………………………………………………… 142
- 金融商品取引業者／商品先物取引業者等 ………………… 143
- 信託会社等 ……………………………………………………… 144
- 貸金業者等 ……………………………………………………… 144
- 資金移動業者 …………………………………………………… 145
- マネーミュール ………………………………………………… 146
- 高額電子移転可能型前払式支払手段の発行者 ……………… 146
- 電子決済手段等取引業者 ……………………………………… 147
- 電子決済等取扱業者 …………………………………………… 148
- 暗号資産交換業者 ……………………………………………… 148
- 両替業者 ………………………………………………………… 149
- ファイナンスリース事業者 ………………………………… 150
- クレジットカード事業者 ……………………………………… 151

- ■カジノ事業者 ……………………………………………… 152
- ■宅地建物取引業者 ………………………………………… 153
- ■宝石・貴金属等取扱事業者 ……………………………… 153
- ■郵便物受取サービス業者 ………………………………… 154
- ■電話受付代行業者 ………………………………………… 155
- ■電話転送サービス事業者 ………………………………… 155
- ■法律・会計専門家 ………………………………………… 156
- ■NPO（非営利団体）……………………………………… 158

［資料］　実際に発生したマネロン等に係る事案 ………………… 160

事項索引 ……………………………………………………………… 167

第 I 部

マネロン・テロ資金供与対策
の枠組み

Q1.1 金融庁の「マネー・ローンダリング及びテロ資金供与対策に関するガイドライン」とはどういうものですか。

金融庁の「マネー・ローンダリング及びテロ資金供与対策に関するガイドライン」（以下「金融庁ガイドライン」）は、金融機関が、マネロン・テロ資金供与対策に取り組むうえで遵守または留意すべき事項を記した行動指針です。金融庁ガイドラインは2018年2月に公表され、2019年4月と2021年2月および7月に改正されました（本書は2021年11月22日公表版を参照）。

金融庁ガイドラインには、「対応が求められる事項」と「対応が期待される事項」があり、金融庁は、前者の著しい不履行は、業法に基づく行政処分の対象になりうるとしています（全体の構成は図表1－1を参照）。

金融庁ガイドラインは法令ではありませんが、リスクベース・アプローチを中心に犯罪収益移転防止法（犯収法）等を補完するもので、2021年8月に公表されたFATF第4次対日相互審査報告書においても「拘束力がある」と記されています（パラグラフ429）。

金融庁は、このガイドラインの具体的な内容や対応方法などを「よくある質問」（以下「FAQ」）として公表しており、金融庁ガイドラインと一体のものととらえて対応することが求められています。

Q1.2 財務省の「外為法遵守ガイドライン」とはどういうものですか。

改正外為法（2024年4月1日施行）で新設された「外国為替取引等取扱業者遵守基準」（☞外国為替及び外国貿易法（外為法））およびその細目を定めた「外国為替取引等取扱業者遵守基準を定める省令」（令和5年財務省・経済産業省令第1号）を受けて制定されたもので、従前の「外国為替検査ガイドライン」に、当該遵守基準を含めた外為法令等の遵守に関する考え方が追加されています（☞外国為替等取扱業者のための外為法令等の遵守に関するガイドライン）。

図表1-1　金融庁ガイドラインの構成

基本的考え方	・マネロン・テロ資金供与対策に係る基本的考え方 ⇒機動的かつ実効的な管理態勢の構築には、リスクを適時・適切に特定・評価し、リスクに見合った低減措置を講ずる**リスクベース・アプローチ**の手法を用いることが不可欠 ・金融機関等に求められる取組み ⇒経営陣が主導的な関与のもと、自らを取り巻く環境や経営戦略、リスクの許容度をふまえた管理態勢を構築し、<u>組織横断的に</u>マネロン・テロ資金供与対策を高度化することが重要 ・**業界団体・中央機関等の役割** ⇒業界団体や中央機関が当局とも連携し、金融機関に対するサポート・支援等を実施

RBA※

リスクの特定	リスクの評価	リスクの低減
リスクの所在を特定する作業。金融機関の規模・特性等をふまえ、包括的かつ具体的に特定	特定したリスクを評価する作業。金融機関の事業環境・経営戦略等をふまえて、全社的に実施	特定・評価したリスクを低減する作業。実際の顧客や取引のリスクに応じて、実効的に低減措置を実施 （例）顧客管理、取引モニタリング等

リスク低減措置
- 顧客管理
- 記録の保存
- ITシステムの活用等
- 海外送金等を行う場合の留意点
- 取引モニタリング・フィルタリング
- 疑わしい取引の届出
- データ管理（データ・ガバナンス）
- FinTech等の活用

管理態勢

・マネロン・テロ資金供与対策に係る**PDCA**⇒マネロン・テロ資金供与対策の方針・手続・計画等を策定、検証、見直し
・**経営陣の関与・理解**⇒経営陣によるマネロン・テロ資金供与対策への主導的な関与、対応の高度化推進
・経営管理

第1線	第2線	第3線
顧客と接点のある営業部門が、方針や手続等を理解して対応	担当役員等を中心に、管理部門が第1線を継続的モニタリング	マネロン・テロ資金供与対策に係る必要な監査を実施

・グループベースの管理態勢⇒グループ全体に整合的なかたちでマネロン・テロ資金供与対策を実施
・職員の確保、育成等⇒必要な能力を有する職員の採用、研修による職員の理解の促進

当局

・金融庁によるモニタリング
・官民連携⇒業界団体、関係省庁等との連携による情報発信や金融機関等との対話

（※）　RBA：リスクベース・アプローチ

外為法遵守ガイドラインは、FATFが2020年にリスクベース・アプローチを拡散金融対策にも適用したことを受けて行われた法令等の整備の一環として策定され、拡散金融をはじめ、外為法に基づいて実施している経済制裁全般を対象とした「制裁違反リスク」を対象としています。リスクの特定・評価・低減措置や3線防御など、根底にある考え方は金融庁ガイドラインと共通するところが多く、同ガイドラインが定めるリスク低減措置と内容が重複するものについては、「当該リスク低減措置をもって、制裁違反リスクに係るリスク低減措置も併せて実施することとして差し支えない」（外為法遵守ガイドライン第Ⅱ章第6パラグラフ）としています（全体の構成は図表1−2を参照）。

　あくまでも"ガイドライン"であるため、金融庁ガイドライン同様、これ自体に罰則はありません。しかし外為法遵守ガイドラインの場合、とりわけ、リスク低減措置（第Ⅱ章4.）に規定された確認義務への対応は外為法第17条を具体化したものであるため、この対応が不十分な場合、外為法違反に直結する可能性が高いことには留意する必要があります。

Q1.3　**マネロン・テロ資金供与対策に関する国際基準には、どういうものがありますか。**

　マネロン・テロ資金供与対策等（マネロン・テロ資金供与対策、拡散金融対策、その他の経済制裁）は、国際的に協調しなければ効果が出ないため、さまざまな国際基準が策定されています。主なものとしては条約と国連安保理決議があります。また、各々の対策に専門的に取り組む国際的な組織が策定した文書のなかにも、国際基準として認知されているものがあります（図表1−3を参照）。これらが制定・作成された経緯はさまざまですが、今日、これらは互いに補完、連携して、マネロン・テロ資金供与対策に係る国際的な1つの体系を構成しています。

図表1-2　財務省・外為法遵守ガイドラインの構成（経済制裁関連部分のみ）

基本的考え方	■「制裁違反リスク」を特定・評価し、低減させるための方針の策定 ■刻々と変化する国際情勢をふまえたリスクへのリスクベース・アプローチによる対応 ■法令に基づく以下の義務の遵守 　① 経済制裁措置（外為法令） 　　✓ 財務大臣の許可の取得状況 　　✓ 確認義務の履行状況 　　✓ 外国為替取引等取扱業者遵守基準に従った外国為替取引等の実施状況 　② 外国為替取引に係る通知義務（犯罪収益移転防止法令）

リスクベース・アプローチ	■リスクの特定 ・自ら直面する制裁違反リスクを特定するプロセス ・商品／サービス取引形態、取引に係る国・地域、顧客属性等のリスクを包括的・具体的に検証して特定 ■リスクの評価 ・特定したリスクの大きさや性質を評価するプロセス ・全社的方針や具体的手法を確立して評価を実施 ・必要に応じて見直し ・経営陣の主導的関与 ■リスクの低減 ・特定・評価したリスクを低減・払拭するプロセス ・制裁対象者のフィルタリング、リストの追加登録と正確性確保 ・リスク低減に必要な取引関係者に関する情報把握 ■制裁対象者の口座の取扱い（関係部店への周知） ■海外支店における経済制裁措置への対応 ■高リスク顧客への厳格な顧客管理の実施

管理態勢	■内部管理態勢の整備（経営陣の主導的関与、統括責任者の任命） ■3つの防衛線 第1線 制裁違反リスクに見合った低減措置の的確な実施 第2線 リスク低減措置の策定・実施・見直し・強化 第1線の支援 リスク管理態勢の有効性を監視 第3線 監査計画を策定し、法令遵守状況リスク評価の適切性、手続きの実施状況等を監査 ■コンプライアンス・プログラムへの経済制裁措置に係る事項の織り込み ■記録の作成・保存 ■研修の実施・専門性を有する職員の配置

当局	■ガイドライン対応が不十分で法令違反が生じた場合は外為法に基づく行政上の対応 ■財務省と国内関係当局の連携および外国当局との情報交換

図表1-3　マネロン・テロ資金供与・拡散金融対策に関する国際基準

	マネロン対策	テロ資金供与対策	拡散金融対策
条約	◆麻薬及び向精神薬の不正取引条約 ◆国際組織犯罪防止条約	◆テロ資金供与防止条約	
国連 安保理決議		決議1267号ほか 決議1373号	決議1695号ほか（北朝鮮） 決議2231号ほか（イラン） 決議1540号（非国家主体）
その他の 国際的な合意	FATF勧告		

(1) マネロン対策

　マネロン対策に関する国際基準としては、まず、薬物犯罪に由来する不正な収益を規制するために制定された条約が採択され、後に規制の対象が薬物以外の犯罪に由来する収益に拡大されました。

　前者は、「麻薬及び向精神薬の不正取引条約」（麻薬及び向精神薬等の不正取引の防止に関する国際連合条約・1990年11月発効）です。この条約は締約国に対し、麻薬および向精神薬の不正取引を禁止するとともに、その不正な取引から生じた財産（薬物犯罪収益）のマネロン行為（不正な起源の隠匿・偽装および当該財産の転換・移転）を犯罪として取り締まることを求めています。

　マネロン対策の対象を、薬物犯罪を含む犯罪の実行により生じ、またはそこから直接・間接に得られた財産（犯罪収益）に拡大させたものが、「国際組織犯罪防止条約」（国際的な組織犯罪の防止に関する国際連合条約・2003年9月発効）です。この条約は締約国に対し、マネロンの犯罪化とともに、マネロンを防止する措置として、本人確認、記録保存、疑わしい取引の届出、FIUの設置、国境を越えた資金移動の監視、犯罪収益の没収や犯罪人の引渡しに係る対応を求めています。

(2) テロ資金供与対策

　テロ資金供与対策に関する条約としては、「テロ資金供与防止条約」（テロリズムに対する資金供与の防止に関する国際条約・2002年4月発効）があり

ます。この条約は締約国に対し、①テロ行為のために資金を提供または収集する行為の犯罪化、②当該資金（テロ資金）およびテロ行為から生じた収益の没収・凍結・差押え、③テロ行為実行犯の引渡し、または処罰を求めています。

　国連安保理は、このテロ資金供与防止条約が採択される2カ月前の1999年10月に、タリバーン関係者に対する資産凍結措置を内容とする決議1267号を採択しました。制裁対象者は後の決議でアル・カーイダ関係者にも拡大されました。のちにこれらの決議は整理され、決議1988号（2011年6月採択）がタリバーン関係者、決議1989号（同）がアル・カーイダ関係者に対する資産凍結措置を求める決議となっています。

　また、国連安保理は、2001年9月11日の米国同時多発テロ事件を受けて、加盟国に対し、独自にテロリストおよびテロ団体を指定し、その資産凍結を義務づける決議1373号を採択しました。

⑶　拡散金融対策

　大量破壊兵器（核・化学・生物兵器）の開発等は個々の条約で禁止されていますが、これらの行為に対する資金提供（拡散金融）を規制する国際基準としては、国連安保理決議1540号（2004年4月採択）があげられます。同決議は、大量破壊兵器とその運搬手段の開発・製造・移転・使用等を企てる非国家主体への支援を禁止し、こうした非国家主体の活動に対する資金提供（拡散金融）を禁止しています。

　特定の国・地域による核開発等に係る拡散金融については、国連安保理の個別の決議で規制されています。すなわち、北朝鮮の核開発等に関しては決議1695号（2006年7月）およびその後継決議、イランに関しては決議2231号（2015年7月）などです。これらの決議は、安保理が指定した大量破壊兵器の開発等に関与する者の資産凍結（リスト規制）だけでなく、当該活動に寄与する目的で行う資金移転や金融サービスの提供など、両国の核開発等の支援につながる幅広い分野での取引や活動を禁止しています。

第Ⅰ部　マネロン・テロ資金供与対策の枠組み　7

⑷　その他の経済制裁

　マネロン・テロ資金供与対策および拡散金融対策のほかに、日本は、対ロシア制裁など、外為法等に基づくさまざまな経済制裁措置を実施しています。その全体像は、財務省のホームページ（「経済措置及び対象者リスト」）で確認することができます。

　これらの措置は、主として国連安保理決議が国際基準としての役割を果たしていますが、そのほかに、G7やEUといった共通の価値観や政策目的を有する有志国（like-minded countries）が協調して実施しているものもあります。こうした国際協調による制裁措置では、一定の措置に賛同する国が国内法で措置を講じているため、国際基準に相当する統一的な文書などはありません。ロシアのウクライナ侵攻以降、国連安保理は特定国に対する制裁決議を採択できない状況にあり、今後、こうした有志国の協調による制裁が増えていくと考えられます。

【国際機関等が策定した基準】

　上記の条約や安保理決議とは別に、マネロン・テロ資金供与対策に関してはさまざまな国際的な取組みが行われており、その実施主体となる機関が策定した基準や指針には、今日、国際基準として広く認知されたものがあります。代表的な機関・組織と国際基準とされているものは次のとおりです。

●FATF（Financial Action Task Force）

　FATFは、1989年7月のG7首脳会議（仏：アルシュ・サミット）の首脳宣言に基づき設立された政府間機関です。FATFは、法執行、刑事司法および金融規制の分野において各国がとるべきマネー・ローンダリング対策等を、40項目から構成された「FATF勧告」として策定しています。FATF勧告に条約のような法的拘束力はありませんが、200以上の国がFATF勧告の遵守を表明しており、また、相互審査（FATF加盟国同士で勧告の実施状況を監視する仕組み）で勧告の実効性が確保されていることから、マネロン・テロ資金供与対策に関する国際基準として認知されていま

す（☞Q1.6）。

●バーゼル銀行監督委員会（Basel Committee on Banking Supervision）

　バーゼル銀行監督委員会は、1974年にG10の中央銀行総裁によって設立された銀行監督当局と中央銀行で構成される組織で、現在はG20の国がメンバーとなっています。同委員会は、金融の安定を強化するために銀行に対する規制・監督・業務の強化を目的として、共通の基準や指針を策定しています。マネロン・テロ資金供与対策に関しては、2014年に公表された「マネー・ローンダリング及びテロ資金供与リスクの適切な管理に係るガイドライン」（2020年7月改定）が代表的なものです。

●ウォルフスバーグ・グループ（Wolfsburg Group）

　ウォルフスバーグ・グループは、国際的に業務展開をする13の銀行の集まりで、プライベートバンキングがマネロンを含む犯罪等に悪用されることを防ぐ目的で結成されました（邦銀では三菱UFJ銀行がメンバー）。同グループは、マネロン・テロ資金供与対策に関する原則（プリンシプル）を累次にわたって公表しており、なかでも、コルレス取引におけるマネロン対策に関するものや貿易金融に関するものなどが代表例です。また、同グループは、銀行がコルレス銀行のマネロン対策等の取組みを精査する際に用いる質問票（CBDDQ）を公表しており、今日、広く世界中の銀行で用いられています。

Q1.4　FATFによる第4次対日相互審査の結果と主な指摘事項はどういうものですか。

　FATF第4次対日相互審査報告書は2021年6月のFATF全体会合で採択され、同年8月30日に公表されました。

　有効性に関する審査結果（評定）と法令順守状況に関する審査結果（評定）はそれぞれ図表1－4、1－5のとおりです。この審査結果から、日本は「重点フォローアップ国」（改善状況を年1回FATFに報告し、承認を得

第Ⅰ部　マネロン・テロ資金供与対策の枠組み　9

図表1-4　FATF第4次対日相互審査-有効性に関する評価

IO.	内容	評価
1	リスク、政策及び協力	Substantial
2	国際協力	Substantial
3	監督	Moderate
4	予防的措置	Moderate
5	法人と法的取極め	Moderate
6	金融インテリジェンスの活用	Substantial
7	マネロンの捜査と起訴	Moderate
8	没収	Moderate
9	テロ資金供与の捜査と起訴	Moderate
10	テロ資金供与の予防的措置と金融制裁	Moderate
11	大量破壊兵器の拡散に関与する者に対する金融制裁	Moderate

（出所）　財務省

る義務を課される）と位置づけられました。これまで2回のフォローアップが行われ、図表1-5に示したように、いくつかの勧告に関する評価がアップグレードされました。

　金融機関の取組み（有効性）に関する主な指摘は次のとおりです。

✓過半数の金融機関において自らの業務におけるマネロン・テロ資金供与のリスク認識が不十分である。

✓リスクベース・アプローチが不十分で、本人確認、取引内容の確認、疑わしい取引の届出といった画一的な低減措置しか実施していない。

✓継続的顧客管理および高リスク顧客に対する厳格な顧客管理が適切に行われていない。

Q1.5 FATFによる第４次対日相互審査の結果から学ぶべき教訓はどのようなものですか。

　FATF対日相互審査報告書の指摘は、法執行、刑事司法、金融規制・監督から国際協調まで多岐にわたります。このうち金融機関に関係する分野に絞ってみてみると、法令遵守状況はおおむね合格点（LC以上）であったのに対し、有効性（IO.3、4など）は不十分（M）との審査結果でした。

　オンサイト審査を受けた2019年秋の時点で、本邦金融機関は金融庁ガイドラインに基づくリスクベース・アプローチに取り組んではいたものの、まだ浸透しておらず、FATF審査団への受け答えや、審査時点での当局や金融機関の対応状況などから、まだ顕著な改善（major improvement）を要する状況と評価されました。

　FATF相互審査への対応は、あくまでも、そのルールであり基準であるFATFの審査手順書（メソドロジー）に準拠して行う必要があります。現在、金融庁ガイドライン等を中心とした取組みが推進されていますが、官民ともに、いま一度、審査報告書で指摘された不備事項を読み返し、現在の取組みや方向性がFATFから受けた指摘に合致しているかを再点検する必要があると考えられます。

Q1.6 FATF第４次対日相互審査で、日本よりも犯罪やマネロンが多いと思われる国が日本より成績が良いのはなぜですか。

　FATF相互審査では、被審査国においてどのようなマネロン・テロ資金供与のリスクがあるかを評価したうえで、FATFが定める審査手順書（メソドロジー）のクライテリアの充足度によって当該国の法令や実務対応の有効性が評価されます。このため、犯罪やマネロンの発生件数とFATF相互審査の評価結果の間に、必ずしも明確な相関関係があるとはいえません。

　たとえば、犯罪やマネロンが少ない国であっても、国内法令がFATFの

第Ⅰ部　マネロン・テロ資金供与対策の枠組み　11

図表1－5　FATF第4次対日相互審査－法令等整備状況の評価

1	2	3	4	
リスク評価とリスクベース・アプローチ	国内関係、当局間の協力	マネー・ローンダリング罪	没収及び保全措置	
LC	PC⇒LC1)	LC	LC	
5	6	7	8	
テロ資金供与罪	テロ及びテロ資金に関与する者への金融制裁	大量破壊兵器の拡散に関与する者への金融制裁	非営利団体	
PC⇒LC2)	PC⇒LC2)	PC⇒LC3)	NC⇒PC2)⇒LC3)	
9	10	11	12	13
金融機関の守秘義務	顧客管理	記録の保存	PEPs	コルレス契約
C	LC	LC	PC⇒LC3)	LC
17	18	19	20	21
第三者への依存	内部管理、海外支店、子会社	リスクの高い国・地域	疑わしい取引の届出	内報及び秘匿性
n.a.	LC	LC	LC	C
24	25			
法人の透明性と実質的支配者	法的取極めの透明性と実質的支配者			
PC⇒LC2)	PC⇒LC3)			
26	27	28	29	30
金融機関の規制と監督	監督当局の権限	DNFBPsの規制と監督	FIU	法執行及び捜査当局の権限
LC	LC	PC⇒LC2)	C	C
36	37	38	39	40
国際的諸文書	刑事共助	刑事共助—凍結、没収	刑事共助—逃亡犯罪人引渡	その他の形態の国際協力
LC	LC	LC	LC	LC

（出所）　財務省

【評価】
C：適合、LC：概ね適合、PC：一部適合、NC：不適合

14	15	16
資金移動サービス	新技術	電信送金
LC	LC	LC

22	23
DNFBPs： 顧客管理	DNFBPs： その他の措置
PC⇒LC[3]	PC⇒LC[3]

31	32	33	34	35
法執行及び 捜査当局の能力	キャッシュ クーリエ	統計	ガイダンスと フィードバック	制裁措置
LC	LC	LC	LC	LC

1) 第1回フォローアップでアップグレード（2022年9月公表）
2) 第2回フォローアップでアップグレード（2023年10月公表）
3) 第3回フォローアップでアップグレード（2024年10月公表）

定めたクライテリアに合致しておらず、FATFが求める要件に合致したリスクベース・アプローチができていないなどの場合は、低い評価となりますし、その逆もしかりです。

　マネロン・テロ資金供与対策はFATF対応のために行うものではありませんが、FATF相互審査が所定のルールに基づいて行われる以上、そのルールと審査の傾向や対策をふまえた準備が必要になるといえます。

Q1.7 FATF対応が不十分だと、どういう不都合があるのですか。

　FATF勧告は、今日、世界200カ国以上が遵守を表明し、マネロン・テロ資金供与対策の国際基準として認知されています。このため、FATF対応が不十分な国は、マネロン・テロ資金供与対策に消極的で、リスクが高い国と認識されます。また、FATFはこうした国・地域名を年3回公表し、当該国・地域との取引に対する注意喚起を行っています。

　仮に日本のFATF対応が不十分とされた場合の影響はマクロ・ミクロの多方面に及びますが、金融機関についていえば、邦銀全体の国際的な信認低下につながり、コルレスを通じた銀行間決済の際に、マネロン・テロ資金供与対策への取組み状況を詳しく質問され、その結果、決済に通常以上の時間やコストがかかるなどの不利益を被ることも考えられます。

Q1.8 金融機関および特定非金融業者・職業専門家（DNFBP）に該当しない一般事業会社は、マネロン・テロ資金供与対策に関し、どのような対応が求められますか。

　マネロン・テロ資金供与対策では、特定事業者および外国為替取引取扱業者を「ゲートキーパー」と位置づけ、これらの事業者等に所定の義務を課すことによって、マネロン等の抑止と規制の実効性確保を図っていま

す。

　具体的には、マネロンを規制する犯罪収益移転防止法においては、金融機関やDNFBPという特定の事業者に取引時確認や疑わしい取引の届出などを義務づけており（DNFBPには一部例外あり）、またテロ資金供与対策や拡散金融対策を含む制裁対応では、外為法が金融機関等（「銀行等」、「資金移動業者」および「電子決済手段等取引業者等」）に対し、顧客との取引が主務大臣の許可を要するものでないことを確認する義務を課しています。

　しかし、マネロン・テロ資金供与対策は、これら特定の事業者の取組みのみで達成できるものではなく、その顧客である一般事業者や個人の協力が不可欠です。このため、犯罪収益移転防止法や外為法等の直接の名宛人でない一般事業者であっても、金融機関等やDNFBPを介して取引を行う場合は、取引時確認等に真摯に協力することが求められます。

　なお、金融機関やDNFBPでなくても、マネロン行為（犯罪収益の取得・処分に係る事実の仮装、隠匿および収受）や、外為法の許可なしに制裁対象者との取引等を行った場合には、各々、組織的犯罪処罰法と外為法に基づく刑事罰や行政処分を受けるおそれがあることにも留意が必要です。

Q1.9　金融庁が2024年6月に公表した「マネー・ローンダリング等対策の取組と課題」では、金融サービスの不正利用対策が「目下の最重要課題」とされています。それはなぜで、金融機関はどのような対応を求められているのですか。

　近年、インターネットバンキングに係る不正送金や、預貯金口座の不正利用、偽造本人確認書類を用いた預貯金口座開設などの金融サービスの不正利用が急増し（注）、その手口も複雑化・巧妙化していますが、金融庁は2024年6月に公表した「マネー・ローンダリング等対策の取組と課題」において、これらの防止に向けた対策を「マネロン等の前提犯罪の削減や抑止等に向けた取組の一環」と位置づけています。

第Ⅰ部　マネロン・テロ資金供与対策の枠組み　15

(注)　警察庁の調べによると、2023年の特殊詐欺の認知件数は1万9,038件で前年比8.4％増、被害額は452.6億円で前年比22.0％増と、ともに増加している。

　金融サービスの不正利用では、不正なアクセスで真の顧客になりすまして他人の預貯金等を窃取（犯罪収益の取得）したうえで、不正アクセスした金融ネットワークをそのまま利用して当該犯罪収益を安全なところへ移転させることが多く、マネロンのPlacementとLayering（16頁の図表1－6参照）が同時に行われていると考えられます。

　このため、金融サービスの不正利用対策には、不正アクセスを許さない堅牢なシステムの構築や整備というハード面の取組みだけでなく、ソフト面、すなわち、なりすましの防止、頻度や金額等に係る異常取引の検知、および取引モニタリングといったマネロン対策の的確な実施が鍵になります。

　金融サービスの不正利用の事案が多発し、その対策や抑止が不十分な場合、2028年に予定されているFATF第5次対日相互審査で、わが国および金融機関におけるマネロン対策の有効性に大きな疑問符がつけられるおそれがあり、こうしたことも、金融庁が「目下の最重要課題」と位置づける背景のひとつと考えられます。

　金融庁は、こうした金融犯罪の被害を防止し、国民の金融サービスに対する信頼を維持するため、2024年6月に「国民を詐欺から守るための総合対策」を公表する一方で、2024年8月には、警察庁と連名で預貯金口座の不正利用等防止に向けた対策を全国銀行協会や全国地方銀行協会などの団体等に対して要請しました。

　具体的な要請内容は、以下の6つです。

① 　口座開設時における不正利用防止および実態把握の強化

② 　利用者側のアクセス環境や取引の金額・頻度等の妥当性に着目した多層的な検知

③ 　不正の用途や犯行の手口に着目した検知シナリオ・敷居値の充実・精

緻化

④　検知およびその後の顧客への確認、出金停止・凍結・解約等の措置の
迅速化

⑤　不正等の端緒・実態の把握に資する金融機関間での情報共有

⑥　警察への情報提供・連携の強化

マネロン・テロ資金供与対策（AML/CFT）の枠組みを理解するためのキーワード

マネー・ローンダリングおよびテロ資金供与対策（AML/CFT）

anti-money laundering（AML）/ countering the financing of terrorism（CFT）

　マネー・ローンダリング（資金洗浄）とは、犯罪によって得た収益（犯罪収益・薬物犯罪収益）に関し、その出所を偽装する行為の総称である。マネロン行為（犯罪収益および薬物犯罪収益の取得・処分につき事実を仮装し、または隠匿する行為）は、組織的犯罪処罰法および麻薬特例法で刑事罰の対象とされている。

　一般にマネロンは、①不正資金を金融システムや合法的な経済活動に取り込む行為（Placement）→②資金の出所を隠すために当該資金をさまざまな金融・非金融資産に分散・変換させるなどして階層化させる行為（Layering）→③資金の出所がわからなくなった資金をまとめて再び金融システムや合法的な経済活動のなかに取り込む行為（Integration）の3段階で構成される（図表1－6参照）。実際の事案では、必ずしも各段階が明確に分かれているわけ

図表1－6　マネロン・テロ資金供与対策のしくみ

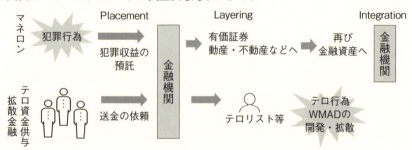

ではないが、決済手段や決済に関与する事業者の多様化が加速するなかに
あって、特にPlacementの段階の捕捉が重要である。

テロ資金供与とは、テロ行為の実行やその支援を目的として、テロリスト
等に対して資金等を提供することをいう。日本では、テロ資金提供処罰法な
どにより刑事罰の対象とされている。

マネロンとテロ資金供与にはこのような違いがあるものの、とりわけ資金
の出所に関する事実や資金の行き先を"仮装"し、金融機関等を欺罔（ぎも
う）するという点において共通する面がある。

なお、犯罪収益移転防止法は、犯罪収益が組織的犯罪を助長し、その移転
が事業活動に用いられることを防止することを目的とし、特定事業者に対し
取引時確認や疑わしい取引の届出などを義務づけている。

◆警察庁JAFIC「犯罪収益移転防止法の概要」

金融システム

financial system

金融システムは、各金融機関等が行う送金・決済・振替等のさまざまな機
能が集積して資金の流れを形成し、ネットワークを構築しているものであ
り、金融システム全体の健全性を維持するためには、金融システムの参加者
たる個々の金融機関等において、その業務や金融システムにおける役割に応
じ、堅牢な管理態勢を構築・維持することが不可欠となっている。こうした
金融システムからマネー・ローンダリングやテロ資金供与に係る取引等を排
除することがマネロン・テロ資金供与対策である。

◆金融庁ガイドラインⅠ

犯罪による収益の移転防止に関する法律
（犯罪収益移転防止法）

Act on Prevention of Transfer of Criminal Proceeds

「犯罪による収益の移転防止に関する法律（平成19年法律第22号）」（以下「犯罪収益移転防止法」）は、犯罪収益が組織的犯罪を助長し、その移転が事業活動に用いられることを防止することを目的とし、特定事業者に対し取引時確認や疑わしい取引の届出などを義務づける法律である。同法は、改正金融機関等本人確認法の全部および組織的犯罪処罰法の一部を母体として策定され、2008年3月に施行された。2013年4月には、特定事業者の取引時の確認事項の追加や取引時確認等を的確に行うための措置が追加され、2016年10月の改正では、リスクベース・アプローチの導入、疑わしい取引の判断方法の明確化、コルレス契約締結時の厳格な確認、事業者が行う体制整備等の努力義務の拡充等が盛り込まれた。さらに、2023年6月には、高額電子移転可能型前払式支払手段発行者や電子決済手段等取引業者、電子決済等取扱業者などを特定事業者として追加、外国所在電子決済手段等取引業者との契約締結時の厳格な確認、電子決済手段の移転に係る通知義務の整備等が盛り込まれた。

◆警察庁JAFIC「犯罪収益移転防止法の概要」
◆全銀協「お取引時の確認に関するお願い」

特定事業者

specified business operators

特定事業者とは、犯罪収益移転防止法において顧客と一定の取引を行うに際して、取引時確認等（第4条）、確認記録の作成等（第6条）、取引記録等の作成等（第7条）、疑わしい取引の届出等（第8条）、外国所在為替取引業

図表1-7　特定事業者と義務①

義務づけられた措置／特定事業者【2条2項】	取引時確認【4条】	確認記録の作成・保存【6条】	取引記録等の作成・保存【7条】	疑わしい取引の届出【第8条】	取引時確認等を的確に行うための措置【11条】
金融機関等（1号～38号）	顧客との間で、**特定業務のうち特定取引等を行うに際しては、**・本人特定事項・取引を行う目的・職業・事業内容・実質的支配者・資産および収入の状況（ハイリスク取引の一部）の確認を行わなければならない（注1）	**取引時確認を行った場合には、**直ちに確認記録を作成し、特定取引等に係る契約が終了した日等から7年間保存しなければならない	**特定業務に係る取引を行った場合には、**直ちに取引記録等を作成し、取引の行われた日から7年間保存しなければならない	**特定業務において**収受した財産が犯罪による収益である疑いがある、または**特定業務に関し**顧客等がマネー・ローンダリングを行っている疑いがあると認められる場合においては、速やかに届け出なければならない（注2）	取引時確認をした事項に係る情報を最新の内容に保つための措置を講ずるほか、使用人に対する教育訓練の実施、取引時確認等の措置の実施に関する規程の作成、統括管理者の選任等の措置を講ずるよう努めなければならない（注3）
ファイナンスリース事業者（39号）					
クレジットカード事業者（40号）					
カジノ事業者（41号）					
宅地建物取引業者（42号）					
宝石・貴金属等取扱事業者（43号）					
郵便物受取サービス業者（44号）					
電話受付代行業者（44号）					
電話転送サービス事業者（44号）					
行政書士（47号）					
公認会計士（48号）					
税理士（49号）					
司法書士（46号）				×	
弁護士（45号）	司法書士等の例に準じて日本弁護士連合会の会則で定めるところによる【12条】				司法書士等の例に準じて日本弁護士連合会の会則で定めるところによる【12条】

（注1）　司法書士については、資産および収入の状況の確認は不要。

（注2）　行政書士、公認会計士および税理士による疑わしい取引の届出義務ついては、守秘義務に係る事項を除く。

（注3）　カジノ事業者については、特定複合観光施設区域整備法において別途その義務が定められている。

（出所）　警察庁JAFIC「犯罪収益移転防止法の概要」

第Ⅰ部　マネロン・テロ資金供与対策の枠組み　21

図表1-7　特定事業者と義務②

義務づけられた措置 / 特定事業者【2条2項】	コルレス契約等締結時の厳格な確認			外国為替取引等に係る通知義務		
	外国所在為替取引業者との契約【9条】	外国所在電子決済手段等取引業者との契約【10条の2】	外国所在暗号資産交換業者との契約【10条の4】	外国為替取引【10条】	電子決済手段の移転【10条の3】	暗号資産の移転【10条の5】
業として為替取引を行う特定事業者（1号～15号、31号）	外国銀行との間で、為替取引を継続的に、または反復して行うことを内容とする契約（コルレス契約）を締結する際に、相手方の体制を確認しなければならない	（注）	×	外国為替取引を委託するときは、顧客および支払の相手方に係る本人特定事項等を通知して行われなければならない	（注）	×
電子決済手段等取引業者（31号の2）	×	外国所在電子決済手段等取引業者との間で、電子決済手段の移転を継続的に、または反復して行うことを内容とする契約を締結する際に、相手方の体制を確認しなければならない	×	×	電子決済手段の移転を行うときなどは、顧客および移転の相手方に係る本人特定事項等を通知して行わなければならない	×
暗号資産交換業者（32号）	×	×	外国所在暗号資産交換業者との間で、暗号資産の移転を継続的に、または反復して行うことを内容とする契約を締結する際に、相手方の体制を確認しなければならない	×	×	暗号資産の移転を行うときなどは、顧客および移転の相手方に係る本人特定事項等を通知して行わなければならない

（注）　法2条2項1号～15号および31号の特定事業者のうち電子決済手段を発行する者は、その発行する電子決済手段について電子決済手段等取引業を行うことができるとされており、これら特定事業者が電子決済手段等取引業を行う場合には、当該特定事業者は電子決済手段等取引業者とみなされ、犯罪収益移転防止法第10条の2および第10条の3の義務を負う。
（出所）　警察庁JAFIC「犯罪収益移転防止法の概要」

者との契約締結の際の確認（第9条）、外国為替取引に係る通知（第10条）および取引時確認等を的確に行うための措置（第11条）など、一定の法令上の義務が課されている対象事業者を特定事業者という。なお、これらの義務については特定事業者の業種によって一部異なる。第2条第2項に列挙されている特定事業者の概要と、それぞれの義務は21頁、22頁の図表1－7①、②のとおりである。

◆犯罪収益移転防止法第2条
◆警察庁JAFIC「犯罪収益移転防止法の概要」
◆国家公安委員会「犯罪収益移転危険度調査書」

取引時確認

customer identification

　取引時確認とは、犯罪収益移転防止法第4条が、特定事業者に対して特定取引等を行うに際して義務づけられているもののことをいう。

　通常の特定取引を行うに際しては、次の事項の確認を行うこととなる。

・顧客の本人特定事項（自然人は氏名、住居および生年月日、法人は名称および本店または主たる事務所の所在地）

・取引の任にあたっている自然人（代表者等）の本人特定事項

・取引を行う目的

・職業（自然人）または事業の内容（法人・人格のない社団または財団）

・実質的支配者（法人）

※ただし、顧客が国、地方公共団体、上場企業等である場合には、取引の任にあたっている自然人（代表者等）の本人特定事項のみを確認する。また、顧客が人格のない社団・財団である場合には、取引の任にあたっている自然人（代表者等）の本人特定事項、取引を行う目的、事業の内容を確認する。

◆犯罪収益移転防止法第4条

◆警察庁JAFIC「犯罪収益移転防止法の概要」
◆金融庁「犯罪収益移転防止法に関する留意事項について」
◆全銀協（「犯罪収益移転防止法に関するよくある質問・回答」)

特定事業者作成書面

AML/CFT risk assessment by specified business operators

　特定事業者作成書面（またはリスク評価書）とは、犯罪収益移転防止法が取引時確認等を的確に行うための措置として、同法第11条第4号および同法施行規則第32条第1項第1号で求める、自らが行う取引や提供する商品・サービス、取引形態、取引に係る国・地域、顧客属性等について調査・分析し、犯罪による収益の移転の危険性の程度や調査・分析の結果を記載・記録した書面、または電磁的記録をいう。

　また、外為法で新設された「外国為替取引等取扱業者遵守基準」（☞外国為替及び外国貿易法（外為法））において、犯罪収益移転危険度とは別に、外国為替取引等取扱業者は、為替取引等において、経済制裁措置に違反、または違反するおそれのある取引、または規制に該当することを免れるために偽装された取引等を行うリスク（以下「制裁違反リスク」）を特定し、分析・評価する「外国為替取引等取扱業者作成書面等」の作成が求められることとなった。

　なお、この「外国為替取引等取扱業者作成書面等」については、外為法遵守ガイドライン（案）への意見募集に対して寄せられた意見への回答のなかで、必ずしも別々に評価する必要はなく、「特定事業者作成書面等 兼 外国為替取引等取扱業者作成書面等」とすることでさしつかえないとされている。

◆犯罪収益移転防止法第11条、同施行規則第32条第1項第1号
◆警察庁JAFIC「犯罪収益移転危険度調査書」

◆金融庁ガイドライン
◆外為法第55条の9の2

外国為替及び外国貿易法（外為法）

Foreign Exchange and Foreign Trade Act

「外国為替及び外国貿易法（昭和24年法律第228号）」（以下「外為法」）は対外取引（クロスボーダーおよび居住者・非居住者間の取引）に関する基本法。もとは外国為替管理のために制定されたが、1998年の改正で原則自由となり、対外取引の実態把握と有事の際の規制に係る機能だけが残された。今日、この対外取引を規制する機能は主として制裁対象者との取引規制（経済制裁）や経済安全保障に係る対内直接投資の規制に用いられている。

2022年4月の改正で、資本取引規制の対象に暗号資産に関する取引を追加するとともに、暗号資産交換業者に資産凍結措置に係る確認義務等を課すことで、支払規制および資本取引規制をよりいっそう効果的なものとする措置をとった。

さらに、2022年12月の改正で、資本取引規制の対象に電子決済手段に関する取引を追加、電子決済手段等取引業者に資産凍結措置に係る確認義務等を課すこと、および、資産凍結措置の実効性をよりいっそう確保するため、外為法の適用を受ける金融機関等に対し、新設した外国為替取引等取扱業者遵守基準（外為法第55条の9の2第1項）に従って資産凍結措置を適切に実施する態勢整備義務を課すこととなった。

なお、外国為替取引等取扱業者遵守基準は、「外国為替取引等取扱業者遵守基準を定める省令（令和5年財務省・経済産業省令第1号）」にて以下のとおり規定される。

① 「外国為替取引等取扱業者作成書面等」の作成。

② 「外国為替取引等取扱業者作成書面等」をふまえた危険度を十分低減さ

第Ⅰ部　マネロン・テロ資金供与対策の枠組み　25

せるための方針を策定、対応方法を定めて、実施するための手順書を作成、当該手順書に沿って外国為替取引を行うこと。

③　外国為替取引等に関連する業務に従事する役員および職員に対し十分な研修を実施すること。

④　これら①～③の実施を統括・管理する「統括責任者」を選任すること。

⑤　独立した立場でこれらの部門を定期的に監査する監査部門（当該監査に係る事務を外部に委託する場合における委託先を含む）による監査を行うこと。

◆財務省「経済制裁措置および対象者リスト」

外国為替検査

foreign exchange inspection

外為法第68条に基づき、資産凍結等経済制裁措置等の実効性を担保するため、財務省（為替実査官）が金融機関等に対して行う立入検査。検査に際しては、外為法遵守ガイドライン（☞27頁）に沿って外為法令等に基づく各種の義務等を遵守しているか否か、当該遵守のための態勢がとられているか否かを確認する。

外為法令に基づく各種義務

①　経済制裁措置に関する外為法令の遵守状況

②　両替業務における取引時確認等および疑わしい取引の届出に関する犯罪収益移転防止法令の遵守状況ならびに特定為替取引等における本人確認義務等に関する外為法令の遵守状況

③　外国為替取引に係る通知義務に関する犯罪収益移転防止法令の遵守状況

④　特別国際金融取引勘定の経理等に関する外為法令の遵守状況

⑤　外為法第6章の2の規定に基づく報告義務の履行状況

⑥　上記①～⑤の事項に関連する外為法令等の遵守状況

なお、外国為替検査の検査対象は、外国送金等の外国為替業務を取り扱う
金融機関、外国送金を取り扱う資金移動業者、ならびに外貨両替業務を取り
扱う金融機関および両替業者となっており、財務省では国際局に為替実査室
を設置し、各財務局の為替実査官と連携し、金融機関等に対する外国為替検
査を実施している。なお、金融庁ガイドラインでは、外国送金業務に関し
て、金融庁検査と財務省検査（外国為替検査）の連携等により、モニタリン
グの実効性、効率性の向上を図るとされている。

◆財務省「外為法遵守ガイドライン」
◆財務省「経済制裁措置および対象者リスト」
◆金融庁ガイドライン

外為法遵守ガイドライン

Foreign Exchange Inspection Guideline

　正式名称は「外国為替取引等取扱業者のための外為法令等の遵守に関する
ガイドライン」。外為法で新設された「外国為替取引等取扱業者遵守基準」
（☞外国為替及び外国貿易法（外為法））を受けて、外国為替検査の実施要領等
を定めた外国為替検査ガイドラインに、当該遵守基準をふくめた外為法令等
の遵守に関する考え方を追加したもの。外国為替検査ガイドラインの前身に
あたる外国為替検査マニュアルは、外国為替検査官向けの内部通達であった
が、本ガイドラインは検査対象となる金融機関等に向けた指針である。
　ガイドラインは以下の内容で構成されている。
　第Ⅰ章　外国為替取引等取扱業者のための外為法令等の遵守に関するガイ
　　　　ドラインについて
　第Ⅱ章　経済制裁措置に関する事項
　　　内部管理態勢等（経営陣の主体的関与、統括責任者、三つの防衛線等）、リ
　　　スクの特定・評価と低減措置、記録の作成と保存

第Ⅰ部　マネロン・テロ資金供与対策の枠組み　27

第Ⅲ章　両替業務における取引時確認等及び疑わしい取引の届出に関する
　　　　事項並びに特定為替取引等における本人確認義務等に関する事項
第Ⅳ章　銀行又は資金移動業者による通知義務に関する事項
第Ⅴ章　特別国際金融取引勘定の経理等に関する事項

◆財務省「外為法遵守ガイドライン」

経済制裁措置または資産凍結等の措置

economic sanctions, asset freezeing measures

　「経済制裁」は、国際的な平和や秩序を害したとして、国連安保理や特定
国によって指定された個人や団体（制裁対象者）との経済取引を規制する措
置。「資産凍結」は、制裁対象者の銀行口座からの引出しや制裁対象者に対
する資金移転を禁止するもので、経済制裁の代表的な措置のひとつ。

　外為法令においては、規制対象となる支払または支払の受領および資本取
引等について許可等を受ける義務を課すこと等によって、外為法に基づく資
産凍結等の措置や各種の経済制裁措置を行っている。外為法遵守ガイドライ
ンでは、これらをまとめて資産凍結等の措置と呼んでいる（☞外為法遵守ガ
イドライン）。

　支払規制は、制裁対象者に対する支払を主務大臣の許可の対象とする措置
（外為法第16条）を指す。銀行等、資金移動業者または電子決済手段等取引業
者等は、顧客の支払等が、外為法令に基づく規制対象のものではないかどう
か等を確認した後でなければ為替取引等（電子決済手段等の移転等を含む）を
行ってはならないとの義務（「確認義務」）を課されている（外為法17条）。

　資本取引等とは、有価証券の売買、資本の貸借その他債権・債務に関係す
る経済取引であり、具体的には図表1−8のように外為法第20条において規
定されている。資産凍結等経済制裁は国連安保理決議等の内容に応じて以下
の規制類型の組合せによって実施されている。

28

図表 1 － 8　外為法20条が規定する資本取引等

類型	行為者
預金契約または信託契約に基づく債権の発生・変更・消滅に係る取引	居住者—非居住者
金銭貸借契約または債務保証契約に基づく債権の発生等に係る取引	居住者—非居住者
対外支払手段または債権の売買契約に基づく債権の発生等に係る取引	居住者—非居住者
預金契約、信託契約、金銭貸借契約、債務保証契約、対外支払手段もしくは債権その他の売買契約に基づく外国通貨をもって支払を受けることができる債権の発生等に係る取引	居住者—居住者
非居住者からの証券の取得　非居住者に対する証券の譲渡	居住者
外国における証券の発行・募集　本邦における外貨証券の発行・募集	居住者
本邦における証券の発行・募集	非居住者
本邦通貨をもって表示されまたは支払われる証券の外国における発行・募集	非居住者

　なお、現行の外為法に基づく資産凍結等経済制裁に関する具体的な取引としては、預金、信託契約、金銭の貸借取引、債務の保証契約、証券の取得・譲渡・発行・募集となっている。特に経済制裁対象者が追加変更された際には、該当口座の有無の確認、新規口座開設の際には顧客が制裁対象者でないことを確認する必要がある。

　資産凍結等経済制裁措置は、外為法に基づく支払、資本取引および役務取引を対象とし、2024年7月現在、図表1－9に列挙したものが対象となっている。

◆財務省「経済制裁措置及び対象者リスト」

図表1－9　資産凍結等経済制裁措置の対象者と対象取引（2024年7月現在）

対象者	支払	資本取引	役務取引
ミロシェヴィッチ前ユーゴスラビア大統領および関係者		○	
タリバーン関係者等	○	○	
テロリスト等	○	○	
イラク前政権の機関等およびイラク前政権の高官またはその関係者等		○	
コンゴ民主共和国に対する武器禁輸措置等に違反した者等	○	○	
スーダンにおけるダルフール和平阻害関与者等	○	○	
北朝鮮のミサイルまたは大量破壊兵器計画に関連する者等	○	○	
北朝鮮に関連する国際連合安全保障理事会決議に基づく資産凍結等の措置の対象となる者	○	○	
北朝鮮の核その他の大量破壊兵器および弾道ミサイル関連計画その他の北朝鮮に関連する国際連合安全保障理事会決議により禁止された活動等に関与する者	○	○	
北朝鮮に住所もしくは居所を有する自然人もしくは主たる事務所を有する法人その他の団体、これらのものに実質的に支配されている法人その他の団体【送金原則禁止措置】	○		
北朝鮮の核関連、弾道ミサイル関連またはその他の大量破壊兵器関連の計画または活動に貢献しうる活動に寄与する目的で行う取引または行為に係るもの【資金使途規制】	○		○
ソマリアに対する武器禁輸措置等に違反した者等	○	○	
リビアのカダフィ革命指導者およびその関係者	○	○	
シリアのアル・アサド大統領およびその関係者等	○	○	

対象者	支払	資本取引	役務取引
クリミア「併合」またはウクライナ東部の不安定化に直接関与していると判断される者	○	○	
資産凍結等の措置の対象となるロシア連邦の団体および個人	○	○	
ロシア連邦の政府その他政府機関等、特定銀行等による本邦における証券の発行・募集		○	○
中央アフリカ共和国における平和等を損なう行為等に関与した者等	○	○	
イエメン共和国における平和等を脅かす活動に関与した者等	○	○	
南スーダンにおける平和等を脅かす行為等に関与した者等	○	○	
イランの核活動等に関与する者	○	○	
イランの核活動等に寄与する目的で行う取引または行為に係るもの【資金使途規制】	○		
核技術等に関連するイランによる投資の対象となる業種に属する事業を営む会社の株式・持分の取得		○	
マリ共和国における平和等を脅かす行為等に関与した者等	○		
ハイチにおける平和等を脅かす行為等に関与した者等	○	○	
資産凍結等の措置の対象となる暴力的行為に関与するイスラエルの入植者	○	○	

（注）　資本取引の規制は行為類型により細分化されているので、正確な類型は財務省ホームページ（経済制裁措置及び対象者リスト）を参照。

制裁対象者リスト（制裁リスト）

sanctions list

外為法および国際テロリスト財産凍結法に基づく資産凍結等経済制裁の対象となっている個人や団体の氏名・名称、住所等（個人の場合には、生年月日やパスポート番号の記載などのケースもある）を記したリストをいう。

制裁（対象者）リストは、随時、新たな対象者の追加や削除、情報の更新などが行われるため、常に最新のものを備えておくことが必要である。

外為法遵守ガイドラインでは、制裁対象者リストが更新（追加・情報改訂）された場合には、既存預金口座の照合や新しいリストに基づく新規預金口座の開設時・外国送金等のフィルタリングを適切に行うことが求められている。

また、金融庁ガイドラインは、リストに該当する顧客等が認められた場合には、厳格な顧客管理を行うことを求めている。

◆財務省「経済制裁措置及び対象者リスト」

貿易規制

regulations on trade

貿易に関する規制は、特定の貨物と国・地域の組合せにより実施されるもので、関税法や外為法などを根拠法に実施される。

経済制裁の関係では、輸出しようとする貨物が、輸出貿易管理令別表で指定される軍事転用の可能性が特に高い機微な貨物に該当する場合や、提供しようとする技術が、外国為替令別表に該当する場合には、貨物の輸出先や技術の提供先がいずれの国であっても経済産業大臣の許可が必要となる。

大量破壊兵器関連の貨物等は、仲介貿易（貨物の移動を伴う外国相互間の売買、貸借、贈与）も経済産業大臣の許可対象となっている。

北朝鮮に関しては、外為法に基づき、北朝鮮を仕向地とするすべての貨物の輸出および北朝鮮を原産地、または船積地域とするすべての貨物の輸入が禁止されている。

　貨物や技術の移転とその対価の移転は表裏一体なので、輸出入等に係る決済を行う場合には、そのもととなる貿易取引が規制対象でないかを確認する必要がある。

◆経済産業省ウェブサイト

キャッチオール規制

catch-all controls

　本邦の安全保障貿易管理制度は、国際輸出管理レジームでの合意を受けて、外為法などの法令に基づき実施している。外為法に基づく規制は、「リスト規制」と「キャッチオール規制」から構成され、この規制に該当する貨物の輸出や技術の提供は、経済産業大臣の許可が必要になる。

　リスト規制は、大量破壊兵器等やその他の通常兵器の開発等に用いられるおそれが高い機微な貨物や技術を法令等でリスト化して、そのリストに該当する貨物・技術を輸出や提供する場合には、経済産業大臣の許可が必要になる制度である。キャッチオール規制はリスト規制品以外を補完的に規制する仕組みと位置づけられ、「大量破壊兵器等キャッチオール規制」と「通常兵器キャッチオール規制」があり、それぞれ経済産業大臣の許可が必要になる要件が異なる。

◆経済産業省「安全保障貿易の概要」
◆経済産業省「安全保障貿易管理ガイダンス［入門編］」

資金使途規制

activity-based sanctions

　核開発、弾道ミサイルや大量破壊兵器関連の計画や活動といった特定の行為や活動に寄与する目的で行う資金移転等を規制する措置。現在、安保理決議に基づき北朝鮮およびイランに対する制裁措置として外為法で実施されており、北朝鮮に対しては支払と資本取引（預金や金銭貸付等）、イランについては支払について実施されている（使途の詳細は財務省告示に規定されている）（☞経済制裁措置または資産凍結等の措置）。

◆財務省「外為法遵守ガイドライン」

拡散金融

proliferation financing（PF）, counter proliferation financing（CPF）

　拡散金融とは、大量破壊兵器（核・化学・生物兵器）等の開発、保有、輸出等に関与するとして資金凍結等措置の対象となっている者に、資金または金融サービスを提供する行為を指す。

　拡散金融対策（counter proliferation financing：CPF）のための具体的な国際基準としては、FATFの勧告7（Targeted financial sanctions related to proliferation）がある。同勧告は、大量破壊兵器の拡散およびこれに対する資金供与の防止等に関する国連安保理決議を遵守するため、対象を特定した金融制裁（資産凍結措置等）を実施することを求めている。

　しかしながら、この取組みだけでは不十分として、FATFは2020年10月に勧告1（Assessing risks and applying a risk-based approach）を改訂し、拡散金融対策にもリスクベース・アプローチの考え方を適用した。これにより、これまでのマネロン・テロ資金供与に加えて、「勧告7」で言及されている国連制裁決議に基づく金融制裁義務（資産凍結等措置）の潜在的な違反・不

履行・潜脱」と定義される、いわゆる「拡散金融」のリスクの特定・評価、効果的なリスク低減策の実施のための行動、高リスクの対応と低リスクの管理／軽減への対応が求められている。この改訂後の勧告1は、2025年以降実施される第5次相互審査以降の審査で適用されることとなっている。

　2021年8月に設置された、警察庁および財務省を共同議長とする「マネロン・テロ資金供与・拡散金融対策政策会議」は、2022年5月、「マネロン・テロ資金供与・拡散金融対策の推進に関する基本方針」を決定、次の4つの柱を掲げている。

① 　リスクベース・アプローチの徹底
② 　新たな技術への速やかな対応
③ 　国際的な協調・連携の強化
④ 　関係省庁間や官民の連携強化

　　◆FATFウェブサイト（Recommendation）
　　◆マンロン・テロ資金供与・拡散金融対策政策会議「拡散金融リスク評価書」

OFAC（米国財務省外国資産管理局）

Office of Foreign Assets Control

　米国財務省に帰属する組織で、国際緊急経済権限法（IEEPA）や個別法、およびこれに基づく大統領令による制裁の執行官庁。

　米国が実施している経済制裁措置は、国連安保理や日本が実施しているものよりも幅広く、その内容や指定された制裁対象者の情報（「OFACリスト」）はOFACのウェブサイトで検索できる。

　米国の制裁措置のなかには「セカンダリーサンクション」が適用されるものもあるため、米国や米ドルが関連する取引を行う金融機関等においては、アップデートされたOFACリストによる検索も必須である（☞セカンダリー・サンクション）。

◆米国財務省（OFAC Sanctions Lists/SDN List）

セカンダリー・サンクション（制裁の域外適用）

secondary sanctions

　米国の経済制裁措置では、指定された制裁対象者のほかに、①制裁対象者に実質的に支配されている者（「50パーセント・ルール」）、②制裁対象者と相当な（significant）取引関係にある者、および③米国人の制裁違反の原因をもたらした者、も制裁対象となり、故意性や過失の程度、違反行為の期間等に基づいて多額の制裁金が科される。

　違反の事例はOFACのウェブサイトで公表されており、どのような取引や行為が米国の制裁法に抵触するかを知るうえで有益である。

◆米国財務省（OFAC Sanctions Lists/SDN List）

送金取扱金融機関等

remittance handling financial institutions, etc.

　銀行等の業務には内国為替業務と外国為替業務があるが、送金取扱金融機関とは、外国送金を取り扱っている金融機関、資金移動業者または電子決済手段等取引業者とされている。外国送金（電子決済手段等の移転等を含む）を行う場合には、外為法に規定されている制裁措置に該当するか否かを確認する義務を履行する必要がある。

◆財務省「外為法遵守ガイドライン」

自動照合システム

automatic checking system

資産凍結等経済制裁対象者への仕向送金ではないことを確認するために、送金人および受取人の氏名、住所等検索の対象とする情報と「制裁対象リスト」内の情報との類似性があらかじめ設定された一定の比率以上になる場合に、当該検索対象の情報を有する送金に係る事務処理を自動的に中断するプログラムが組み込まれた情報システムをいう。

なお、外国為替検査ガイドラインでは、自動照合システムによる確認については、完全一致の場合のみを検索するのではなく、一定の類似性の場合の検索、いわゆる「あいまい検索」を行うことを求めている。

◆財務省「外為法遵守ガイドライン」

取次金融機関等

intermediary financial institutions, etc.

外国為替検査ガイドラインで用いられている概念で、送金取扱金融機関等が他の金融機関等の顧客の送金依頼を取り次ぐ場合の他の金融機関等をいう。 なお、取次金融機関は為替取引の当事者ではないため、外為法令の確認義務の規定は適用されないが、送金取扱金融機関等が適切に確認義務を果たすうえで、顧客と接する取次金融機関等との間の協力体制の構築が求められている。金融庁ガイドラインにおいては、2021年2月の改正で、コルレス先や委託元金融機関等におけるマネロン・テロ資金供与対策リスク管理態勢等のリスク管理を行うことが盛り込まれた。

◆財務省「外為法遵守ガイドライン」
◆金融庁ガイドラインⅡ－2－(4)

第Ⅰ部　マネロン・テロ資金供与対策の枠組み　37

組織的犯罪処罰法

Act for Punishment of Organized Crimes, Control of Crime Proceeds and Other Matters

　組織的犯罪処罰法（「組織的な犯罪の処罰及び犯罪収益の規制等に関する法律（平成11年法律第136号）」）は、国際的な組織犯罪の防止に関する国際連合条約を実施するため、組織的に行われた犯罪行為に対する処罰、犯罪による収益の隠匿および収受、ならびにこれを用いた法人等の事業経営の支配を目的とする行為の処罰、犯罪による収益の没収および追徴等について定めることを目的としている。

　第４次対日相互審査報告書における資産凍結措置の強化、暗号資産等への対応の強化、マネロン対策等の強化のための法改正に取り組むべきとの勧告をふまえた2022年12月成立のFATF勧告対応法において、組織的犯罪処罰法では、犯罪収益等隠匿罪、薬物犯罪収益等隠匿罪等マネロン罪の法定刑引上げ、および、犯罪収益等が不動産・動産・金銭債権でないときでも、没収を可能とする財産範囲の改正が行われた。

◆警察庁JAFIC「犯罪収益移転防止に関する年次報告書」

組織犯罪対策要綱

Organized Crime Countermeasures Guidelines

　組織犯罪対策要綱は、組織犯罪対策について必要な基本的事項を定めている。近年、匿名・流動型犯罪グループがSNSや求人サイト等を利用して実行犯を募集する手口により特殊詐欺等を広域的に敢行するなど、新たな脅威となっていることから、2024年３月に「繁華街・歓楽街対策の強化を含む、匿名・流動型犯罪グループに対する戦略的な取締りの強化」および「特殊詐欺に係る広域的な捜査連携の強化」を図るために改正されている。

◆警察庁ウェブサイト

国際テロリスト財産凍結法

Act on International Terrorist Assets-Freezing（Act on Special Measures Concerning International Terrorist Assets-Freezing, etc.）

2015年10月施行の国際テロリスト財産凍結法（「国際テロリストの財産の凍結等に関する特別措置法（平成26年法律第124号）」）は、国連安保理決議第1267号および第1373号（これらの後継決議を含む）が資産凍結等の措置の対象者に指定する自然人・団体（本項において「テロリスト等」という）について、対象者の国内取引等を規制する法律。

同法は安保理決議第1267号およびその後継決議（アル・カイーダおよびタリバーン関係者）および第1373号（安保理決議に基づき各国が指定）で指定された対象者を対象とする。なお、あくまでもこれらの決議への応急的対応を目的としたものであるため、外為法のような恒久法ではなく、特別措置法という形式をとっている。

◆警察庁JAFIC「犯罪収益移転防止に関する年次報告書」
◆FATF「40の勧告」6（テロ等に対する金融制裁）

リスクベース・アプローチ（RBA）

risk-based approach（RBA）

マネロン・テロ資金供与対策におけるリスクベース・アプローチ（RBA）とは、金融機関等が自ら直面するマネロン・テロ資金供与リスクを特定・評価し、これをリスク許容度の範囲内に実効的に低減するため、当該リスクに見合った対策を講じることをいう。

第Ⅰ部　マネロン・テロ資金供与対策の枠組み　39

そのねらいは、マネロン・テロ資金供与リスクの高低に応じて資源を配分することで、より実効的かつ効率的なマネロン・テロ資金供与対策を講じることにある。

　RBAは、FATF第4次勧告でより明確に打ち出され、日本でも現行の犯罪収益移転防止および金融庁ガイドラインで導入されている。

◆金融庁ガイドラインⅡ

金融活動作業部会（FATF）

Financial Action Task Force（FATF）

　「金融活動作業部会（FATF)」は、1989年7月のG7首脳会議（アルシュ・サミット）において、マネー・ローンダリング対策における国際協力の強化のため、先進主要国を中心として設立が合意された政府間機関（政府間会合）。事務局はパリにある。

　FATFの主な活動内容は以下のとおり。

① 　マネロン・テロ資金供与対策に関する国際基準（FATF勧告）の策定および見直し

② 　FATF参加国・地域相互間におけるFATF勧告の遵守状況の監視（相互審査）

③ 　FATF非参加国・地域におけるFATF勧告遵守の推奨

④ 　マネロン・テロ資金供与の手口および傾向に関する研究（現在、37の国・地域、2国際機関が参加）。

　FATFは、1990年4月、各国における対策を調和させる必要から、法執行、刑事司法および金融規制の分野において各国がとるべきマネロン対策の基準として「40の勧告（第1次勧告）」を策定・公表した。

　FATFの任務（マンデート）は、設立当初のマネロン対策から、テロ資金供与対策、拡散金融へと拡大してきている（☞FATF勧告）。

FATFに参加しているのは、2024年6月末現在、以下の38の国・地域および2つの国際機関。

アルゼンチン、オーストラリア、オーストリア、ベルギー、ブラジル、カナダ、中国、デンマーク、フィンランド、フランス、ドイツ、ギリシャ、香港、アイスランド、インド、インドネシア、アイルランド、イスラエル、イタリア、日本、韓国、ルクセンブルク、マレーシア、メキシコ、オランダ、ニュージーランド、ノルウェー、ポルトガル、ロシア（注）、シンガポール、サウジアラビア、南アフリカ、スペイン、スウェーデン、スイス、トルコ、英国、米国、欧州委員会（EC）、湾岸協力理事会（GCC）

また、FATFの取組みは、全世界をカバーする9つの「FATF型地域体」（FSRB）に支えられ、世界190以上の国・地域がFATF勧告の遵守をコミットしている。このように、FATF勧告はマネロン・テロ資金供与対策の国際基準として認知されている。

日本は、FATFの設立当初からのメンバーで、1998年7月〜1999年6月に議長国を務めた。

(注)　ロシアは2023年2月以降メンバーシップ停止中（ただし、FATF基準を履行する義務は引き続き負い、ユーラシアグループ（EAG）のメンバーの権利は保持）。

◆FATFウェブサイト
◆警察庁JAFICホームページ（JAFICと国際機関等の連携）
◆金融庁ガイドラインⅡ

FATF勧告

FATF Recommendations

マネー・ローンダリングやテロ資金供与、拡散金融への対策として、各国当局や金融機関等が実施すべき措置としてFATFが策定した国際基準。当該勧告は、1990年に公表された後、過去数次にわたる大改正が行われており、

第Ⅰ部　マネロン・テロ資金供与対策の枠組み　41

現行の勧告は第4次勧告と呼ばれている。

　主な改正の変遷と現行の「40の勧告」の概要は図表1－10、1－11のとおり。

◆FATFウェブサイト（Recommendations）
◆警察庁JAFIC「犯罪収益移転防止に関する年次報告書」

図表1－10　FATF第4次勧告までの改正の推移

主な改正	主な改正内容
第2次勧告 （1996年～）	・マネロン罪の範囲拡大（薬物犯罪からより広い前提犯罪へ） ・特定の金融取引に従事する非金融機関への適用を各国に慫慂 ・法人の身元確認 ・シェルカンパニー（幽霊会社）の乱用防止
8つの特別勧告の採択 （2001年）	2001年9月11日の米国同時多発テロ事件を受け、テロ資金対策に関する8つの特別勧告を追加
第3次勧告 （2003年～）	・マネロンの犯罪化を義務づけ ・「顧客管理」（CDD）概念の導入 ・FIUの設置義務づけ ・非金融機関（DNFBPs：特定非金融業者および職業専門家）の指定および監督態勢の義務化
特別勧告の追加 （2004年）	キャッシュ・クーリエに関する特別勧告の追加
第4次勧告 （2012年～現在）	・「9つの特別勧告」を40の勧告に統合して再構成 ・リスク評価の実施とリスクベース・アプローチの明文化 ・拡散金融に関する勧告を追加 ・相互審査に有効性の基準を導入 ・顧客管理の義務の対象に暗号資産交換業者を追加（2019年）

図表 1 −11　FATF「40の勧告」の概要

勧告	勧告の概要	勧告	勧告の概要
1	リスク評価とリスクベース・アプローチ	21	届出者の保護義務
2	国内関係当局間の協力	22	DNFBPにおける顧客管理
3	資金洗浄の犯罪化	23	DNFBPによる疑わしい取引の報告義務
4	犯罪収益の没収・保全措置	24	法人の受益所有者
5	テロ資金供与の犯罪化	25	法的取極の受益所有者
6	テロリストの資産凍結	26	金融機関に対する監督義務
7	大量破壊兵器の拡散に関与する者への金融制裁	27	監督当局の権限の確保
8	非営利団体（NPO）の悪用防止	28	DNFBPに対する監督義務
9	金融機関の守秘義務	29	FIUの設置義務
10	顧客管理	30	資金洗浄・テロ資金供与の捜査
11	本人確認・取引記録の保存義務	31	捜査関係等資料の入手義務
12	PEPs（重要な公的地位を有する者）	32	キャッシュ・クーリエ（現金運搬者）への対応
13	コルレス契約	33	包括的統計の整備
14	代替的送金サービス	34	ガイドラインの策定義務
15	新技術の悪用防止	35	義務の不履行に対する制裁措置
16	電信送金（送金人情報の付記義務）	36	国連諸文書の批准
17	顧客管理措置の第三者依存	37	法律上の相互援助、国際協力
18	金融機関における内部管理規定の整備義務、海外支店・現法への勧告の適用	38	外国からの要請による資産凍結等
19	勧告履行に問題がある国・地域への対応	39	犯人引渡
20	金融機関における資金洗浄、テロに関する疑わしい取引の届出	40	国際協力（外国当局との情報交換）

（出所）　警察庁「犯罪収益移転防止に関する年次報告書」

FATF勧告の解釈ノート

Interpretive Notes to the FATF Recommendations

FATF勧告に添付され、40項目からなるFATF勧告のうち26個の勧告について、勧告の内容をより詳しく説明したガイドライン。相互審査やフォローアップでのオンサイト審査では、勧告やメソドロジーとあわせ、この解釈ノートの理解度も問われる。

◆FATF解釈ノート（財務省ウェブサイトに仮訳掲載）

FATFの相互審査

FATF mutual evaluations

FATF勧告の遵守状況を、FATF加盟国によってチェックし、その履行状況が一定水準に達するまで改善を求める仕組み。FATFは、この相互審査のメカニズムによって実効性を担保している（peer review）。

審査にあたっては、被審査国以外の政府職員を中心とする審査団が結成され、メソドロジーに基づき、被審査国のFATF勧告の履行状況につき、法制度、監督・取締体制、法執行体制などの観点から審査し、報告書のかたちでまとめて公表する。2013年からは、第4次勧告に基づく相互審査（第4次審査）が行われている。

日本に対する相互審査（対日審査）は、1993年、1997年および2008年に実施され、2019年からは第4次対日相互審査が行われ、それぞれ図表1-12にあげた不備の指摘と勧告がなされた。

図表1-12　これまでのFATF対日相互審査における主な指摘事項

相互審査	指摘された主な不備および勧告
第1次 （1993〜94年）	・前提犯罪の範囲が薬物犯罪に限定されている。 ・疑わしい取引の届出件数が少なく、これを集中して管理する組

相互審査	指摘された主な不備および勧告
	織がない。 ・金融機関に対し、どのような疑わしい取引を届け出ればよいか示されていない。
第2次 (1997〜98年)	・第1次審査で指摘した不備事項（前提犯罪の拡大）が改善されておらず、犯罪化されていない違法取引に由来する多額の収益が日本国内で洗浄されているおそれ。 ・法執行当局、金融監督当局およびFIUの連携が必要。 ・金融機関、特に第1線の職員に対し、マネロンの実態や疑わしい取引の見地に関する研修の実施が必要。 ・預金取扱金融機関以外の事業者（両替業者、証券会社、保険会社等）に対し、業種別のガイドラインの提示が必要。
第3次 (2008年)	・顧客管理の対象が顧客の本人確認に限定されており、しかも、写真付きでない本人確認書類が許容されている。 ・取引の真の受益者の確認が義務づけられていない。 ・取引の目的や性質に関する確認が義務づけられていない。 ・リスクベース・アプローチが採用されておらず、高リスク顧客に対する強化された顧客管理、低リスク顧客に対する簡素化された措置が許容されていない。
第4次 (2019年)	・マネロン罪に適用される法定刑は、日本で最も頻繁に犯罪収益を生み出している前提犯罪に適用される法定刑よりも低い水準にある。 ・犯罪収益や犯罪に用いられた道具、相当価値のある財産の没収に関して課題がある。 ・テロ資金提供処罰法の不備と、起訴に対する保守的なアプローチが、潜在的なテロ資金供与を起訴し、そのような行為を抑止力ある形で処罰する能力を制約している。 ・リスクのある非営利団体（NPO等）についての理解が十分ではなく、日本のNPOは知らないうちに、テロ資金供与の活動に巻き込まれる危険性がある。 ・大規模銀行を含む一定数の金融機関および資金移動業者は、AML/CFTリスクについて適切な理解を有するが、その他の金融機関の理解は限定的である。 ・DNFBPsは、AML/CFTリスクやその義務について低いレベルの理解しか有していない。

第Ⅰ部　マネロン・テロ資金供与対策の枠組み　45

相互審査	指摘された主な不備および勧告
	・疑わしい取引の届出の大部分は金融分野からのもので、基本的な類型や参考事例を参照して抽出されている。 ・すべての金融機関と DNFBPs に 実質的支配者情報を保持することを義務づけ、当局が実質的支配者情報を入手可能とするシステムの実施向けて重要なステップを踏み出したが、法人の正確かつ最新の実質的支配者情報はまだ一様に得られていない。 ・国内外の信託、特に信託会社によって設立されていない、あるいは管理されていない信託の透明性に関しては、課題がある。 ・金融機関や暗号資産交換業者、DNFBPs等は、対象を特定した金融制裁を遅滞なく実施するためのスクリーニングを行う義務が課せられているものの、対象を特定した金融制裁の実施が不十分である。

（注） いずれも2020年11月１日閲覧。なお、第４次相互審査での指摘事項は多岐にわたるため、同報告書の概要部分から主なものを抜粋した。

　第４次対日相互審査の結果を受けて日本は、以下のような対応を行った。

2021年８月　「マネロン・テロ資金供与・拡散金融対策政策会議」設立、「マネロン・テロ資金供与・拡散金融対策に関する行動計画」策定

2022年５月　「マネロン・テロ資金供与・拡散金融対策の推進に関する基本方針」公表

2022年12月　「FATF勧告対応法」成立

　主に、第４次対日相互審査で指摘されたTC（法令等整備状況）の不備に対し、マネロン／テロ資金供与／拡散金融対策に関する国際基準への対応として行われた法規制の整備。改正された法規制は以下のとおり。

①　犯罪収益移転防止法

　・士業者が行う取引時確認に係る確認事項の追加

　・暗号資産の移転に係る通知義務を課する規定の整備

　・外国為替取引および電子決済手段の移転に係る通知事項の追加

　・外国所在暗号資産交換業者との契約締結時の厳格な確認

②　外為法

・金融機関、暗号資産交換業者等による資産凍結措置の態勢整備義務

・ステーブルコイン取引への対応（資産凍結）

③　組織的犯罪処罰法

・犯罪収益等として没収可能な財産の範囲の改正

④　国際テロリスト財産凍結法

・拡散金融への対応（居住者間取引に係る資産凍結）

⑤　麻薬特例法

・マネロン罪の法定刑引上げ

⑥　テロ資金提供処罰法

・テロ資金等提供罪の強化

なお、次回第5次対日相互審査は、2028年8月に予定されている。

◆警察庁JAFIC「犯罪収益移転防止に関する年次報告書（令和5年）」

FATF相互審査のメソドロジー

FATF Methodologies

FATF相互審査における着眼点を記した文書。「40の勧告」に関する審査項目（クライテリア）および有効性審査におけるimmediate outcome（IO）の審査項目から構成される。このクライテリアや項目の達成状況の総合評価が各勧告およびIOの評定（rating）となる。

◆FATFウェブサイト（Methodologies）

技術的（法令）遵守状況

technical compliance, effectiveness

技術的（法令）遵守状況（technical compliance：TC）とは、被審査国の法

第Ⅰ部　マネロン・テロ資金供与対策の枠組み　47

令等がFATFの「40の勧告」の求める内容との整合性を評価するもので、4段階（Compliant > Largely Compliant > Partially Compliant > Non Compliant）で示される。第3次相互審査までは、これが審査の中心であった。

◆FATFウェブサイト（Methodologies）

有効性審査

immediate outcome（IO）

有効性は、被審査国における当局の法執行や監督態勢、特定非金融業者・職業専門家（DNFBP）の実務における顧客管理等において、どの程度FATFが求める基準を満たしているかを評価するもの。この有効性評価は、第3次審査において、法令が整備されていても実効性が伴わないケースが散見されたことや、実態よりも法令整備の技術的な対応が過度に強調された反省から、第4次勧告で明示的に導入された。

図表1-13　有効性審査の11項目の概要

IO	内　容
1	マネロン・テロ資金供与リスクの認識・協調
2	国際協力
3	金融機関・非金融機関の監督
4	予防措置（金融機関、非金融専門業者）
5	法人・信託の悪用防止
6	特定金融情報の活用
7	マネロンの捜査・訴追
8	犯罪収益の没収
9	テロ資金供与の捜査・訴追
10	テロ資金の凍結、NPOの悪用防止
11	拡散金融

図表 1 −14　IO.4（金融機関等）の有効性の評価基準

項目	主要課題（抄）
4.1	金融機関およびDNFBPは、自らのマネロン・テロ資金供与に係るリスクおよびマネロン・テロ資金供与対策の義務をどの程度十分に理解しているか。
4.2	金融機関およびDNFBPは、自らのリスクに見合ったリスク低減措置をどの程度十分に適用しているか。
4.3	金融機関およびDNFBPは、顧客管理措置および記録保存措置をどの程度十分に適用しているか。顧客管理措置が不十分な場合、取引はどの程度拒絶されるか。
4.4	金融機関およびDNFBPは、(a)PEPs、(b)コルレス銀行、(c)新しい技術、(d)電信送金規制、(e)テロ資金供与に関係する対象者への金融制裁、(f)FATFが特定した高リスク国に対して厳格な措置または特別な措置をどの程度十分に適用しているか。
4.5	金融機関およびDNFBPは、犯罪収益と思われるものやテロ支援を疑われる資金について、報告義務をどの程度果たしているか。
4.6	金融機関およびDNFBPは、マネロン・テロ資金供与対策に係る義務の履行確保のための内部管理および手続をどの程度適用しているか。

（注）　DNFBP（designated non-financial business or profession）とは、金融機関以外に
　　　FATF勧告の名宛人と指定されている事業者。

　全部で11項目（図表 1 −13参照）から構成され、 4 段階（High Effectiveness
> Substantial Effectiveness > Moderate Effectiveness > Low Effectiveness）で
評価される。
　メソドロジーには、各項目における審査員の着眼点や審査にあたって参照
すべき資料が規定されている。

◆FATFウェブサイト（Methodologies）

FATF相互審査のフォローアップ・プロセス

FATF Follow-up Process

　FATF相互審査において、被審査国が、相互審査報告書（Mutual Evaluation Report：MER）で指摘された不備事項（TCおよびIO）を所定の水準に達するまで改善し、それをFATFが検証するプロセス。

　被審査国は、不合格と認定された項目（法令遵守状況の場合はNon CompliantおよびPartially Compliant、有効性の場合はLow EffectivenessおよびModerate Effectiveness）について、一定数について合格水準に達するまで改善措置を講じてFATFの認定（rerating）を受けなければならない。

　また、被審査国は相互審査報告書の評価（TCとIOの評定結果）によって、通常フォローアップ（Regular Follow-up）と強化されたフォローアップ（Enhanced Follow-up）に区分される。前者の場合、次の進捗報告はMER採択30カ月経過後のFATF全体会合で行うことになるが、後者の場合は16カ月後である。強化されたフォローアップのうち、特に評価の低い国については、MER採択後12カ月後の改善状況をもとに、次のステップが決められ、その後の改善の進捗が芳しくない場合にはハイリスク国として国名公表されるおそれもある。

　第4次対日相互審査では、TC（法令等整備状況）は全40項目中不合格が11項目、IO（有効性）は全11項目中不合格が8項目となり、強化されたフォローアップの対象となった（図表1－15、1－16参照）。TCについては、2022年10月の第1回フォローアップで1項目、2023年10月の第2回フォローアップでさらに4項目が合格水準となり、通常フォローアップの要件を満たすこととなった（☞FATFの相互審査）。

　IOはフォローアップでは評価されず、2028年8月に予定されている次回第5次審査で評価される。

◆FATFホームページ（審査手続）

図表1－15　第4次対日相互審査（TC：法令等整備状況）の結果

	内容	第4次	フォロー アップ結果
1	リスク評価とリスクベース・アプローチ	LC	
2	国内関係当局間の協力	PC	LC
3	資金洗浄の犯罪化	LC	
4	犯罪収益の没収・保全措置	LC	
5	テロ資金供与の犯罪化	PC	LC
6	テロリストの資産凍結	PC	LC
7	大量破壊兵器の拡散に関与するものへの金融制裁	PC	
8	非営利団体（NPO）の悪用防止	NC	PC
9	金融機関秘密法が勧告実施の障害となることの防止	C	
10	顧客管理措置	LC	
11	本人確認・取引記録の保存義務	LC	
12	PEPs（重要な公的地位を有する者）	PC	
13	コルレス銀行業務	LC	
14	送金サービス提供者の規制	LC	
15	新技術の悪用防止	LC	
16	電信送金（送金人・受取人情報の通知義務）	LC	
17	顧客管理措置の第三者依存	N/A	
18	金融機関・グループにおける内部管理方針の整備義務、海外支店・現法への勧告の適用	LC	
19	勧告履行に問題がある国・地域への対応	LC	
20	金融機関における資金洗浄・テロ資金供与に関する疑わしい取引の届出	LC	
21	内報禁止および届出者の保護義務	C	
22	DNFBPsにおける顧客管理措置	PC	
23	DNFBPsによる疑わしい取引の届出義務	PC	

第Ⅰ部　マネロン・テロ資金供与対策の枠組み　51

	内容	4次	フォロー アップ結果
24	法人の実質的支配者	PC	LC
25	法的取極の実質的支配者	PC	
26	金融機関に対する監督義務	LC	
27	監督当局の権限の確保	LC	
28	DNFBPsに対する監督義務	PC	LC
29	FIUの設置義務	C	
30	資金洗浄・テロ資金供与の捜査	C	
31	捜査関係等資料の入手義務	LC	
32	キャッシュ・クーリエ（現金運搬者）への対応	LC	
33	包括的統計の整備	LC	
34	ガイドラインの策定義務	LC	
35	義務の不履行に対する制裁措置	LC	
36	国連諸文書の批准	LC	
37	法律上の相互援助、国際協力	LC	
38	法律上の相互援助：凍結および没収	LC	
39	犯人引渡	LC	
40	国際協力（外国当局との情報交換）	LC	

（凡例）

Compliant（適合）
Largely-Compliant（おおむね適合）
Partially-Compliant（一部適合）
Non-Compliant（不適合）

対応が未完了の項目

図表1－16　第4次対日相互審査（IO：有効性）の結果

	評価項目	評価
1	マネロン／テロ資金供与リスクの評価	S
2	国際協力	S
3	金融機関等の監督	M
4	金融機関等によるマネロン／テロ資金供与対策	M
5	法人等の悪用防止	M
6	疑わしい取引に関する情報等の活用	S
7	マネロン罪の捜査・訴追・制裁	M
8	マネロン収益の没収	M
9	テロ資金の捜査・訴追・制裁	M
10	テロリストの資産凍結、NPOの悪用防止	M
11	大量破壊兵器拡散に関する者の資産凍結	M

（凡例）

High
Substantial
Moderate
Low

対応が未完了の項目

バーゼル銀行監督委員会（BCBS）

Basel Committee on Banking Supervision（BCBS）

　バーゼル銀行監督委員会（Basel Committee on Banking Supervision：BCBS、以下「BCBS」）は、1974年6月の西ドイツ・ヘルシュタット銀行破綻に伴う国際金融市場の混乱を受けて、1975年、G10中央銀行総裁会議によっ

第Ⅰ部　マネロン・テロ資金供与対策の枠組み　53

て設立された。BCBSの会合は、主としてスイスのバーゼルにある国際決済銀行（Bank for International Settlements：BIS）本部において年4回程度開催されており、事務局もBIS内に設置されているが、中央銀行の集まりであるBISからは独立した存在として位置づけられている。

BCBSは、法的には国際的な監督権限を有しておらず、その合意文書等も法的拘束力を有するものではない。しかしながら、BCBSが公表している監督上の基準・指針等は、各国の監督当局が自国内においてより実効性の高い銀行監督を国際的に整合性のあるかたちで行うための環境整備に資するものとして、世界各国において幅広く取り入れられている。

なお、BCBSは、マネロン・テロ資金供与対策に関して、2014年1月に「マネー・ローンダリング及びテロ資金供与リスクの適切な管理に係るガイドライン」（BCBSガイドライン）を公表している。

◆金融庁ウェブサイト（バーゼル銀行監督委員会）
◆金融庁ガイドラインⅠ

ウォルフスバーグ・グループ

Wolfsberg Group

2000年に結成された日米欧の13の金融機関で構成される団体で、独自にマネロン・テロ資金供与対策を含む金融犯罪に対する基準やガイダンスを策定している。名称の由来は、初回の会合がスイス北東部にあるウォルフスブルク城（Château Wolfsberg）で開催されたことによる。

同グループは、マネロン・テロ資金供与対策に関し、Principles、Standard、FAQ、ガイダンスペーパーなどを公表しているほか、官民連携の橋渡しにも取り組んでおり、その会合には、FATF関係者や主要国の監督当局者なども参加している。

また、同グループが公表しているコルレス銀行デュー・ディリジェンス質

問票（CBDDQ）や金融犯罪コンプライアンス質問票（FCCQ）は、金融機関間でコルレス決済サービス等の提携を行う際に、相手方のリスク管理態勢等を把握するひな型として用いられている。

◆ウォルフスバーグ・グループウェブサイト

対応が求められる事項

required actions

　金融庁ガイドラインでは、マネロン・テロ資金供与対策を適切に行うための基本的な事項として「対応が求められる事項」が明記されている。金融庁は、同ガイドラインのFAQにおいて、当局の検査等を通じて、対応が求められる措置が不十分であると認められた場合には、法令に基づき行政処分を行う場合があると示している。

◆金融庁ガイドラインおよびFAQ

対応が期待される事項

expected actions

　金融庁ガイドラインでは、前項の「対応が求められる事項」に係る態勢整備を前提に、特定の場面や、一定の規模・業容等を擁する金融機関等の対応について、より堅牢なマネロン・テロ資金供与リスク管理態勢の構築の観点から対応することが望ましいと考えられる事項として、「対応が期待される事項」が紹介されている。

　2021年2月の改正では、それまで「対応が期待される事項」とされていたものの一部が削除され、「対応が求められる事項」に格上げされている。

◆金融庁ガイドライン

第Ⅰ部　マネロン・テロ資金供与対策の枠組み　55

先進的な取組み事例

cases of advanced practices

金融庁ガイドラインでは、金融機関等におけるフォワード・ルッキングな対応を促す観点から、過去のモニタリングや海外の金融機関等において確認された優良事例を、他の金融機関等がベスト・プラクティスを目指すにあたって参考となる「先進的な取組み事例」として紹介している。

◆金融庁ガイドライン

フォワード・ルッキング

forward looking

金融庁ガイドラインの「基本的考え方」において、経営戦略のあり方に関する文脈で用いられている。ガイドラインは、将来にわたり、金融機関の業務がマネロンやテロ資金供与に利用されることのないよう、フォワード・ルッキングな管理態勢の強化の必要性を強調している。

字義的には、「先を見越した」や「将来を見据えた」という意味であるが、マネロン・テロ資金供与対策の観点では、特に次のような点へ留意しつつ、それを先取りした取組みが重要と考えられる。

① 新たに台頭すると考えられるリスクに対するプロアクティブな対応（たとえば新技術を用いた取引パターン、新たな取引仲介業者の参画、他の事業者との連携に伴うリスク）

② ポストコロナで非対面取引が活発になることに伴うリスクと、それを前提としたリスク管理

③ 地政学リスクの高まりとそれに対する国際的な動向（テロ資金や経済制裁に係るリスク、各国当局による制裁措置違反への処分の厳罰化への対応）

◆金融庁ガイドラインⅠ

ステークホルダー

stakeholder

　ステークホルダーとは、顧客・当局等を含む幅広い関係者を意味する。金融機関は、マネロン・テロ資金供与対策が有効に機能するための継続的な取組みや経営戦略のなかで、将来にわたりその業務がマネー・ローンダリングやテロ資金供与に利用されることのないようフォワード・ルッキングに管理態勢の強化等を図るとともに、その方針・手続・計画や進捗状況等に関し、データ等を交えながら、これらステークホルダーに対して説明責任を果たすことが求められる。

◆金融庁ガイドラインⅠ

第II部
リスクベース・アプローチ

Q2.1 金融庁ガイドラインがマネロン・テロ資金供与対策の手法としてあげるリスクベース・アプローチとはどういうものですか。

リスクベース・アプローチとは、リスクの大きさに応じてリスク低減策に強弱をつけて対応する方法で、〈リスクの特定―リスクの評価―リスク低減措置〉という３つのステップで構成されます。

また、リスクベース・アプローチでは、第１線（営業部門）―第２線（管理部門）―第３線（監査部門）が互いに連携・牽制し、それを経営陣が統括するという「三線管理」が基準とされます。

リスクベース・アプローチでは、リスクの変化に柔軟で臨機応変に対応することがポイントとなります。規程類や手順書でリスクや対応を細かく分類しても、その運用が画一的であれば、リスクベース・アプローチとは逆のルールベースになってしまいます。

Q2.2 なぜ、マネロン・テロ資金供与対策としてリスクベース・アプローチは有効とされるのですか。

マネロン・テロ資金供与に係るリスクは、顧客属性、商品・サービスの種類や取引形態等に由来するリスクをいいます。一方、拡散金融を含む制裁違反リスクは、上記に加え、送金や決済が関係する国・地域や取引関係者のなかに制裁対象者等が含まれていて、顧客の虚偽申告や法令の認識不足等で制裁に係る規制違反を犯してしまうリスクです。

これらのリスクは多種多様で、かつ刻々と変化するため、これに機動的・効率的に対処するためには、常に一律の対応を講じるルールベースでは対処しきれず、リスクの大きさや性質に応じて対応に強弱をつける柔軟な対応が必要となります。また、コスト面でも、リスクの大きなものにより多くの資源（より適切な人材や検知システム等の予算）を投入することで、効率的かつ効果的な対策を講じるリスクベース・アプローチが有効とされます。

| Q2.3 | リスクベース・アプローチは法令化されていないのですか。 |

リスクベース・アプローチの大枠は、犯罪収益移転防止法と外為法で規定されています。

犯罪収益移転防止法では、次のような規定で規定されています。

① 国家公安委員会による犯罪収益移転危険度調査書の作成・公表（法第3条第3項）

② 犯罪収益移転危険度調査書の内容を勘案して講ずべき措置（法第11条第4号、同法施行規則第32条第1項）

③ 疑わしい取引の届出要否の判断における犯罪収益移転危険度調査書の勘案（法第8条第2項）

④ マネロン等の危険性が高い取引に係る疑わしい取引の届出の要否の判断に際しての統括管理者による確認等の厳格な手続（法第8条第2項、同法施行規則第27条第3号）

拡散金融を含む制裁違反に係るリスクに関しては、2022年12月に改正された外為法で追加された外国取引遵守基準によりリスクベース・アプローチが導入されました。具体的な内容は次のとおりです（外国為替取引等取扱業者遵守基準を定める省令第1条）。

① 自らの業務の内容、顧客の属性および犯罪収益移転危険度調査書を勘案したリスクの特定

② ①のリスクの程度の分析および評価

③ ②の結果の記録（外国為替取引等取扱業者作成書面等）の作成および必要に応じた見直しと変更

④ 外国為替取引等取扱業者作成書面等の内容を勘案したリスク低減措置の策定および手順書の作成

⑤ 役職員に対する研修の実施を通じた知識の習得

犯罪収益移転防止法と外為法は、いずれもリスクベース・アプローチの大枠を定めるもので、その実施に関する細目は金融庁ガイドラインと外為

第Ⅱ部　リスクベース・アプローチ　61

法遵守ガイドラインにより補完されています。このため、各ガイドライン
に基づいた態勢整備を行いつつも、ガイドラインの当該要請が法令のどこ
から導かれているかという位置づけを意識することが有益です。

Q2.4 実際にリスクベース・アプローチ（RBA：リスクの特定、評価、低減）はどのようなプロセスで進めればよいですか。

(1) リスクの特定

　リスクの特定は、主管部門が、自らが提供している商品・サービスや顧客属性、取引形態、地域等のリスクを包括的かつ具体的に洗い出し、自らが直面するマネロン・テロ資金供与等のリスクを特定するプロセスです。

　リスクの特定は、包括的かつ具体的にもれなく行う必要があります。マネロン・テロ資金供与等のリスクは、経営戦略にも密接に関係するため、主管部門に一任するのではなく、経営陣が、全社の状況を客観的に俯瞰できる立場からリスクの特定に関与することが求められます。

　特定されたリスクは変動するため、不断の検証により、いま自社が直面するリスクが何なのかを常に把握することが必要です。検証に際しては、最新の犯罪収益移転危険度調査書や拡散金融リスク評価書を参照するだけでなく、そこに示されたリスクを自らの業務、地理的特性、事業環境や経営戦略等に置き換えてとらえる必要があります。

(2) リスクの評価

　リスクの評価は、特定されたマネロン・テロ資金供与リスクを、自らの業務等への影響度やリスク許容度に照らして精査するプロセスで、これが、次のステップであるリスク低減措置の内容や強弱を決めることになります。リスクの評価に関しても、リスクの特定と同様、経営陣の関与のもとで全社的に実施し、その結果を経営陣が承認する必要があります。

　リスク評価の見直しは定期的に行うだけでなく、マネロン・テロ資金供与等のリスクに重大な影響を及ぼしうる事象が発生した場合や、そうした

情報に接した場合には随時行う必要があります。この見直しは、そのつどの判断で行うのではなく、あらかじめ時期、期間、見直しの基準（トリガー）を定め、かつ文書化しておくことが求められます。

⑶　リスク低減措置

リスク低減措置は、自社が直面しているマネロン・テロ資金供与等のリスクを許容できる水準にまで軽減、または払拭するプロセスです。

リスクベース・アプローチに基づくリスク低減措置は、高リスクの場合は厳格な措置を講じることが求められる一方、低リスクと判断される場合は簡素な措置が容認されています。

リスク低減措置は、それ自体が目的ではなく、その結果、当初のリスクが許容できるレベルにまで低減、または払拭されていることを見極めることがゴールです。低減措置を講じても払拭できない残存リスクがあれば、その大きさや程度を把握し、それに応じて当該取引の開始や継続の可否を判断することになります。

なお、拡散金融を含む制裁措置に係る規制（外為法）の違反（たとえば制裁対象者との無許可での支払や資本取引、確認義務の懈怠など）は、外為法違反に直結する可能性が大きいため、このリスク低減措置は厳格に行うことが求められます。

Q2.5　リスク低減措置は具体的にどのようなものがありますか。

金融庁ガイドラインは、リスク低減措置として、顧客管理、取引モニタリング・フィルタリング、取引記録の保存、疑わしい取引の届出を掲げています。

外為法遵守ガイドラインでは、制裁対象者のフィルタリング、制裁対象者リストの整備、追加登録、フィルタリング・システムの設定・管理、必要な情報の把握（送金人、送金受取人、仕向国や相手方金融機関の情報、送金

目的や送金元に関する情報等）を求めています。

インターネットバンキングの不正利用の事案が多く発生していますので、新規の顧客（特に法人や団体）へのインターネットバンキングのサービス提供には一定の猶予期間を置き、取引内容や傾向からリスクの水準を見極めたうえで開始することも有効なリスク低減措置と考えられます。

金融機関のリスク評価書のなかには、固有リスクを「高」と分類する取引や顧客でも、一律の低減措置で、判で押したように予定調和的にリスクが低下するように記されているものが散見されます。実際のリスクの大きさや性質は顧客や取引によって異なりますので、当該措置を講ずることによって、具体的に何のリスクがどこまで低減されるか、という論理的で具体性をもった整理が求められます。

Q2.6 地域金融機関等の中小金融機関にとってマネロン・テロ資金供与に巻き込まれそうな業務としては、いちばんに海外送金を思い浮かべます。特に留意すべき点を教えてください。

海外送金では、国内送金と違って、各国の法制度が異なり、外国所在の受取人に関する精査が十分になされていない場合があるため、虚偽申告などにより、制裁に係る規制を回避されるリスクが高まります。また、海外所在の受取人に資金が到達するまでに複数の金融機関や国を通過するため、当該国の規制に違反した場合には、送金が差し止められるだけでなく、多額の罰金を科されたり、コルレス関係の解消、さらには国家間の問題にまで発展するリスクもあります。

顧客から海外送金の依頼があった場合（または被仕向送金があった場合）には、その送金目的を確認し、金額、送金先、送金経路等と送金目的の間に乖離がある場合には、その実態を正しく把握することが重要です。また、送金依頼人と送金元が同一か、複数の人の送金を取りまとめて持ち込んでいないか（バルク送金）などの点も重要になります。

金融庁ガイドラインは、海外送金の委託元金融機関に対するモニタリングやマネロン・テロ資金供与リスク管理態勢の実態の確認を求めています。顧客に関する情報は、委託元がいちばんよく把握しているはずですので、他の金融機関に海外送金を委託する場合には、必要に応じ、把握している送金内容等を委託先金融機関と共有し、連携してリスク低減策を講ずることが求められます。

　拡散金融を含む制裁リスクとの関係では、外為法遵守ガイドラインは、制裁対象者のフィルタリング、制裁対象者リストの整備、フィルタリング・システムの設定・管理、必要な情報の把握（送金人、送金受取人、仕向国や相手方金融機関の情報、送金目的や送金のもとの取引に関する情報等）を求めています。

　国際的に活動する非営利団体や慈善団体は、海外と多額の資金の受払いを行うことがあります。災害支援や紛争地域への支援などを行っている団体の場合は、送金先が移転することもありますので、現在の主たる活動内容や国・地域がどこかを確認することも重要です。

　なお、国際的に認知された慈善団体であっても外為法の適用が免除されるわけではありませんので、たとえば北朝鮮にある当該団体の支部に義援金を送付するような場合には、財務大臣の許可が必要となります。

Q2.7　いわゆる反社の口座がありますが、生活口座であることが確認できていれば、このまま取引を継続してもよいですか。

　反社対応については、「取引を含めた一切の関係遮断」をうたう2007年6月19日付の犯罪対策閣僚会議幹事会申合せ「企業が反社会勢力による被害を防止するための指針について」が基本となりますが、2022年2月の金融庁からの周知依頼（暴力団離脱者の口座開設支援について）では、「口座の利用が個人の日常生活に必要な範囲である等、反社会勢力を不当に利するものではないと合理的に判断される場合にまで、一律に排除を求める趣

旨のものではない」とされています。下級審の裁判例のなかにも、生活口座まで一律に排除するものでないという趣旨のものが見受けられます。

一方で、金融庁ガイドラインは、「取引開始後に反社会勢力であると判明した顧客に対して、取引解消までの間、厳格な管理を行いつつ最低限の生活口座として存続させることを許容した場合の普通預金口座取引等は、リスク低減措置を講じてもなおリスクが残存する例の1つと考えられ」るとしています。

このように反社の生活口座をめぐる当局のスタンスには幅があり、それだからこそ最終的なリスク判断やその結果に対する責任は金融機関に委ねられていることには留意する必要があります。

預金規定等に暴力団排除条項（暴排条項）を導入し、反社の口座開設に厳格に対応している金融機関でも、既存の反社口座に関しては、生活口座であることを理由に維持されている例が散見されます。

反社関連の口座を維持することが直ちに法令違反とはなりませんし、離脱者の支援という要請（注）にも配慮が必要となります。しかし、いずれにせよ、当該口座を保有するリスク（規制リスクやレピュテーション・リスク）と、そのリスクが顕在化した場合、その責めや負担は自社が背負い込むことになるという結果の重大性を認識し、取引継続の可否は、それに自社が耐えられるかを軸に考える必要があります。

（注）　金融庁は金融業界団体に対して、2022年2月には「暴力団離脱者の口座開設支援について」の、また2024年3月には「保護観察対象者等の口座開設支援について」の周知依頼を行っている。

今後も生活口座として存続させる場合には、①口座名義人の最新の状況を警察当局に確認する、②自社の規程類等における生活口座の定義や要件（許容範囲）が明確であることの再点検、そして③厳格な取引モニタリングによって、②の要件から逸脱していないことを常に当局等に疎明できる状態にしておくこと、が求められます。

66

Q2.8 本人確認未済の稼働中口座が多数あります。このまま取引を継続してもよいですか。

　金融庁ガイドラインのFAQは、金融機関の本人確認義務が導入された1990年10月より前に開設された口座については、本人確認ずみでないという事実や当該顧客の取引履歴データ等もふまえてリスクを分析する必要がある旨の考えを示しています。

　それ以降に開設された口座について、稼働中であるにもかかわらず、なんらかの事情で本人確認ができていないもの（住所・氏名・生年月日等について本人確認書類の写しとともに確認できていない状態）がある場合は、回答書面の送付、ATM利用や来店時の協力依頼、電話などあらゆる手段によって顧客と連絡をとり、この未済の状態をすみやかに解消することが求められます。

Q2.9 協同組織金融機関において、会員・組合員は低リスク顧客という理解でよいですか。

　信用金庫や信用組合などの協同組織金融機関に係る法令は、会員や組合員についての形式要件を規定していますが、マネロン・テロ資金供与リスクを理由に排除することを求める規定はありません。

　金融機関のなかには、定款において反社を会員や組合員から排除する旨を規定しているところもありますが、反社の排除だけでは、マネロン・テロ資金供与等に係る低リスクの証明としては不十分です。会員・組合員であっても、規程類や手順書に従い、顧客属性等に基づいて顧客リスク評価を行うことが求められます。

第Ⅱ部　リスクベース・アプローチ　67

Q2.10 顧客リスク評価はどのように行えばよいですか。

　顧客リスクは、マネロン・テロ資金供与等のリスクのうち、顧客固有の属性に由来するものです。具体的には、職業、年齢、社会的な地位、業種等の顧客本人の属性などで構成されますが、評価にあたっては、当該顧客が利用している商品・サービスや取引形態、関係する国・地域なども勘案し、トータルでとらえる必要があります。

　顧客リスクを評価するタイミングは、取引開始時はもちろんですが、取引が継続している間は定期的、または当該顧客リスクが高まったと想定される事象が発生したつど行うことが求められます。金融庁ガイドラインは、顧客リスクの大きさに応じて「1年（高リスク）―2年（中リスク）―3年（低リスク）」という期間を示していますが、これは目安にすぎません。したがって、不稼働口座である場合は除き、顧客の不芳情報に接しながら次の見直し時期まで放置するという対応は許容されません。

　設立間もない法人や団体で、法人登記事項の証明書において互いに関連がないと思われる複数の事業が列挙されている場合があります（たとえば化粧品販売と決済代行業）。この場合には、本業が何か、また列挙された事業を遂行するにたる陣容や所定の免許や資格などを具備しているか、活動（営業）実態があるかなどのモニタリングを行ったうえで顧客リスク評価することも必要となります。

　顧客リスク評価の結果は、当該顧客のリスク分類（格付）に反映させるとともに、当該リスク分類が悪化した場合には、規程や手順書に基づき、追加の情報や資料の提供を求めることで、リスクの低減を図る必要があります。

　顧客リスク評価は、基本的には顧客と接点のある第1線および第2線が行うことになりますが、金融庁ガイドラインは、必要に応じて第3線自らが行うことも排除しないとしています。

　拡散金融を含む制裁違反に係る顧客リスクについても、上記のアプロー

チが基本となりますが、制裁対象国、高リスク国やその周辺国・地域（たとえば北朝鮮やロシアに近接する中国東北部）との取引に際しては、過去の取引との整合性や、送金内容や経路等の経済合理性といったリスクの評価に格別の注意が必要となります。

Q2.11 高リスク顧客については、どのようにリスク低減を行えばよいですか。

　高リスク顧客に対しては厳格な顧客管理（EDD）が求められます。金融庁ガイドラインでは、資産・収入の状況、取引目的、職業・地位、資金源について追加的な情報を入手することなどが記されています。

　ここで収集・徴求すべき追加情報は、当該顧客の高リスクとなる要素に対応したもので、かつ、その情報によってリスクの低減・払拭という効果をもたらすものでなければなりません。また、ガイドラインで列挙されている情報のほか、実質的な支配者の職業（事業内容）や顧客の経歴や所在国なども状況に応じて必要となります。特定の顧客について、警察や監督当局などからの注意喚起や事務連絡等の情報が提供された場合は、当該情報を第1線に周知し、直ちに取引関係の有無を確認することが求められます。

　収集した追加情報の分析にあたっては、自らが保有する当該顧客の情報やリスク分類と照合し、著しい乖離がないか、それが何によるものかを分析、取引の継続の可否等を上級管理者の承認を経て判断することになります。

　拡散金融を含む制裁違反リスクの関係では、制裁違反となる蓋然性が高い（または外為法上の許可の要否を判断しかねる）取引を持ち込んだ顧客が高リスク顧客と位置づけられます。制裁対象者リストとの関係、対象者以外の者になりすましているリスク、制裁対象国との地理的なつながり、取引や決済ルートの合理性などが主な着眼点となります。制裁リスクの判断

第Ⅱ部　リスクベース・アプローチ　69

ミスは外為法違反に直結しますので、上級管理者の承認に加え、必要に応じて当局へも報告・相談し、リスクの芽をできる限り摘み取る必要があります。

Q2.12 継続的顧客管理では、どのような点に留意すべきですか。

継続的顧客管理は、取引時確認をクリアして取引を開始した顧客について、取引の継続中に、必要に応じ、リスクの再評価と追加のリスク低減措置を講じるプロセスです。

実施の時期は、定期的または当該顧客リスクが高まったと想定される事象が発生したつど行うことが求められています。前述のとおり、金融庁ガイドラインは、顧客リスクの大きさに応じて「1年（高リスク）─2年（中リスク）─3年（低リスク）」という期間を示していますが、これは目安にすぎません。

継続的顧客管理で特に注意を払うべきは、インターネットバンキングを通じた送金や決済です。インターネットバンキングでは窓口での確認を回避できるため、不正な取引の温床となっています。異常な取引を検知するためには、金額、入出金の頻度や仕向先・送金元が顧客のリスク・プロファイルと整合しているかを検知する仕組みが必要となります。

継続的顧客管理による再評価は、リスクベース・アプローチのプロセスをもう一度やり直すことです。その結果、リスク評価（格付）が悪化した場合には、規程や手順書に基づき、追加の情報や資料の提供を求め、リスク低減措置を講ずる必要があります。

継続的顧客管理は基本的には第1線および第2線が行うことになりますが、金融庁ガイドラインは、必要に応じて第3線自らが行うことも排除しないとしています。

拡散金融を含む制裁リスクの継続的な管理についても、上記のアプロー

チが基本となります。また、顧客リスクに変化がなくても、取引が関係する国・地域を取り巻く状況などに著しい変化が生じた場合や、欧米の制裁が強化されたような場合には、それに伴う既存取引への影響を再評価する必要があります。また、制裁対象者リストは随時アップデート（追加・変更・削除）されますので、常に最新のリストを整備し、それと照合することが求められます。

Q2.13 取引モニタリングはどのように行えばよいですか。

金融庁ガイドラインのFAQにおいて、「取引モニタリングとは、過去の取引パターン等と比較して異常取引の検知、調査、判断等を通じて疑わしい取引の届出を行いつつ、当該顧客のリスク評価に反映させることを通じてリスクを低減させる手法」と定義されています。

過去の取引パターン等と比較して異常な取引を検知する方法としては、自らのリスク評価を反映したシナリオや敷居値を設定することが代表例としてあげられますが、ポイントは、自らが把握する当該顧客の属性や事業内容等との間に著しい差異が生じていないかを検知することにあります。

また、取引モニタリングを適切に行うためには、照合する顧客のリスク・プロファイルの精度が重要ですので、照合する情報やデータ、抽出基準（シナリオや敷居値）を常に整備し、随時見直すことも必要となります。

外為法遵守ガイドラインとの関係では、特に北朝鮮やロシアとの関連が疑われる取引において、制裁対象者リストによるフィルタリングだけでなく、送金額や送金の頻度、送金経路の合理性等に不自然な点がないかなどを確認することが重要になります（☞Q2.12）。

第Ⅱ部　リスクベース・アプローチ　71

| Q2.14 | 疑わしい取引の届出の分析はどのように行えばよいですか。 |

　疑わしい取引の届出（以下本問において「STR（suspicious transaction report）」という）に係る分析は、自らの業務等に係るリスクを検証し、対応状況の妥当性を検証するための重要なプロセスです（☞Q3.1）。

　金融庁ガイドラインでは、敷居値やシナリオの検知態勢の見直し、STRに係る態勢の点検、リスク低減策の有効性の検証、STRが多い取引類型に係る承認等の手続の検証、そして本支店間やグループ企業間の情報共有態勢の検証などを求めています。また、金融庁ガイドラインのFAQでは、届出を行った疑わしい取引について、商品・サービス、取引形態、国・地域、顧客属性、届出理由、発覚経緯等といった要素に着目して整理し、自ら行っているリスクの特定、評価、低減措置、顧客リスク評価の見直しに活用することなどを求めています。

　金融庁ガイドラインの要請は多岐にわたりますが、ポイントは、STRを一過性のもので終わらせず、当該取引が持ち込まれた経緯や類似の取引が他店で起きていないか等の分析、そして、当該取引に対する自社の対応の妥当性の検証材料として最大限に活用することにあります。

　STRはリスク低減措置のメニューの1つではありますが、届け出るだけではなんら自社におけるリスクの低減や払拭にはならないということに留意が必要です。STRに、いわゆる口座凍結や取引停止を連動させる金融機関もありますが、それで終わりではなく、検知した際の対応が妥当であったか、他店での検知もれがないか、類似の取引パターンを呈しているものがないかなどの分析や調査に役立てることが再発防止につながります。

　疑わしい取引を検知する精度を高めるためには、ITシステムの精度向上が大事ですが、何よりも第1線の職員の気づきに負うところが大きいといえます。こうした第1線のコンプライアンス・カルチャーを醸成・強化するためには、第2線さらには経営陣の心がけが重要です。たとえば、第1線から上がってきた不審な取引の処理結果を第1線にフィードバックし

たり、最終判断としてSTRとして処理しなかった場合でも、第1線が報告を上げることに委縮したり、疑わしい取引の検知に消極的にならないよう配慮が必要です。また、金融機関のなかには、第1線で違和感のある取引として認識したものを記録して第2線や他店と共有し、その場合にとられた対応の妥当性を検証すること（たとえば追加で確認すべき情報が何であったかの検証）により、職員の感度や関係部署間の連携を高め、次に備えているところもあります。

Q2.15 2024年6月に金融庁が公表した「マネー・ローンダリング等対策の取組と課題」で、「目下の最重要課題」とされた、金融サービスの不正利用対策に対して、金融機関は具体的にどのようなリスクベース・アプローチで取り組めばよいですか。

　金融機関は、2024年6月の犯罪対策閣僚会議において決定された「国民を詐欺から守るための総合対策」の内容に加え、「マネー・ローンダリング等対策の取組と課題」、さらには、2024年8月に金融庁と警察庁が全国銀行協会等の各業界団体等に対して連名で要請を行った「法人口座を含む預貯金口座の不正利用等防止に向けた対策のいっそうの強化について（以下「預貯金口座不正利用等防止対策にかかる要請文」）」の内容をふまえて金融サービスの不正利用対策に取り組む必要があります。

　「国民を詐欺から守るための総合対策」では、国民を詐欺から守るために政府が取り組む施策がまとめられています。また、金融庁の「取組と課題」においては、フィッシング、暗号資産交換業者宛ての不正送金、預貯金口座の不正利用、法人名義の預貯金口座の悪用、偽造本人確認書類を用いた預貯金口座開設について、不正の特徴や手口、金融機関における取組状況等が示されています。「預貯金口座不正利用等防止対策にかかる要請文」は、すべての預金取扱金融機関においてその規模や立地にかかわらず、口座開設時における不正利用防止および実態把握の強化や利用者側の

第Ⅱ部　リスクベース・アプローチ　73

アクセス環境や取引の金額・頻度等の妥当性に着目した多層的な検知などの対策が必要とされています。

不正利用対策の方法や深度は、各金融機関におけるサービスの内容や不正利用の発生状況等をふまえ、自らのリスク分析の結果に応じて判断する必要があります。

なお、対策に関しては「当局から求められているから」ではなく、「顧客を詐欺等の被害から守る」、「ひいては（「詐欺の温床となっている」といった風評リスクから）金融機関自身も守る」ため、主体的・積極的な取組みが必要です。

II リスクベース・アプローチ (RBA) を 解するためのキーワード

犯罪収益移転危険度調査書

National Risk Assessment of Money Laundering and Terrorist Financing (NRA)

　国家公安委員会が、犯罪収益移転防止法第3条に基づき、犯罪による収益の移転の危険性の程度（以下「危険度」）の評価を行い、公表している調査書のことであり、特定事業者が行う取引の種別ごとに、危険度等を記載している。

　犯罪収益移転防止法第11条第4号および同法施行規則第32条第1項第1号では、特定事業者に対し、「特定事業者作成書面」の作成や見直しにあたっては、本調査書の内容を勘案しつつ、自らの取引の調査・分析を行うこととしている。

金融機関等は、リスクベース・アプローチの出発点である自らのリスクの特定・評価にあたり、この調査書をベースとしつつも、自らの疑わしい取引の届出などをもとに、固有のリスクを把握することが求められる。

　　　　　　　　　　◆国家公安委員会「犯罪収益移転危険度調査書」
　　　　　　　　　　◆警察庁JAFIC「犯罪収益移転防止に関する年次報告書」
　　　　　　　　　　◆犯罪収益移転防止法第3条第3項、第11条第4号等

拡散金融リスク評価書

National Risk Assessment of Proliferation Financing in JAPAN

　FATF勧告1およびその解釈ノートで、各国に拡散金融のリスクの特定・評価、効果的なリスク低減策の実施のための行動、高リスクの対応と低リス

第II部　リスクベース・アプローチ　75

クの管理・低減への対応が求められていることをふまえ、マネロン・テロ資金供与・拡散金融対策政策会議が作成したもの。本リスク評価書は、現状のFATF勧告の対象である北朝鮮およびイランに係る拡散金融リスクに着目して必要な情報を集約し取りまとめる一方で、犯罪収益移転危険度調査書には、拡散金融リスク評価は含まれていないため、特定・評価したリスクの内容や求められる措置は、犯罪収益移転危険度調査書とは異なる。

外国為替等取引等取扱業者遵守基準を定める省令第1条第1号の「その他の情報」には、本評価書も含まれる。金融機関等は、拡散金融リスク評価書を単独で作成する必要はなく、リスク評価書にその内容が含まれていればさしつかえない。

金融機関等は、自らの拡散金融リスクの特定・評価にあたり、この評価書に記載された制裁違反・回避の事例や手法を参考に、自らの拡散金融リスクをふまえた対応をすることが求められる。

◆マネロン・テロ資金供与・拡散金融対策政策会議「拡散金融リスク評価書」
◆外国為替等取引等取扱業者遵守基準を定める省令第1条第1号等
◆FATF「40の勧告」解釈ノート

疑わしい取引の届出

suspicious transaction report（米国ではsuspicious activity report）

マネロン・テロ資金供与を防止するための対策の1つであり、犯罪収益移転防止法第8条に規定されている犯罪収益に係る取引に関する情報を集めて捜査に役立てることを目的とする制度のことである。

金融機関等は、特定業務に係る取引について、当該取引において収受した財産が犯罪による収益である疑いがあるかどうか、または顧客等が当該取引に関して組織的犯罪処罰法第10条の罪、もしくは麻薬特例法第6条の罪にあたる行為を行っている疑いがあるかどうかを判断し、これらの疑いがあると

認められる場合、すみやかに行政庁に届け出る必要がある。

　なお、犯罪収益移転防止法第8条第3項により、金融機関等はこの届出を行おうとすることや、行ったことを顧客やその関係者に漏らしてはならないこととされている（内報の禁止、tipping-off）。

◆犯罪収益移転防止法第8条
◆金融庁ガイドラインⅡ－2－⑶

FIU（金融情報機関）

financial intelligence unit

　FATF勧告29において、各国は、マネー・ローンダリング情報を一元的に集約し、整理・分析して捜査機関等に提供するFIUを設置することを求められており、日本では、警察庁のJAFIC（犯罪収益移転防止対策室）がこの業務を担っている。JAFICは、疑わしい取引に関する情報の集約・整理・分析・捜査機関等への提供、外国FIUに対する情報の提供、犯罪収益移転危険度調査書の作成と公表、特定事業者による措置を確保するための情報の提供や行政庁による監督上の措置の補完のほか、マネー・ローンダリング対策等の法制度や各種施策の立案・調査、マネー・ローンダリング対策等に関する国際的な規範の策定に対する参画等の業務を担っている。

◆FATF「40の勧告」解釈ノート
◆警察庁JAFICウェブサイト

真の口座保有者

true account holder

　口座の名義人ではなく、取引が実行されている口座を最終的に所有、また

は支配する個人または法人をいう。金融庁の「疑わしい取引の参考事例」には、真の口座保有者を隠匿している可能性に着目した事例として、架空名義口座または借名口座であるとの疑いが生じた口座を使用した入出金や、当該支店で取引をすることについて明らかな理由がない顧客に係る口座を使用した入出金、あるいは名義と住所がいずれも異なる顧客による取引にもかかわらず、同一のIPアドレスからアクセスされている取引などがあげられている。

◆金融庁「疑わしい取引の参考事例」

リスクの特定

identify the ML/TF risks

マネロン・テロ資金供与リスクの特定は、金融機関が自らの提供している商品・サービスや取引形態、取引に係る国・地域、顧客の属性等のリスクを包括的かつ具体的に検証し、直面するマネロン・テロ資金供与リスクを特定するものであり、金融庁のガイドラインにおいてもリスクベース・アプローチの出発点と位置づけられている。なお、リスクの特定に際しては、国によるリスク評価結果（犯罪収益移転危険度調査書や拡散金融リスク評価書）のみならず、外国当局や業界団体等が行う分析等についても適切に勘案していくことが重要とされている。

また、包括的かつ具体的な検証を行うためには、社内に散在する情報を集約し、統一的な視点で分析することが不可欠であるため、経営陣が主導性を発揮して、関係するすべての部門の連携・協働を確保することが求められる。

◆金融庁ガイドラインⅡ－2－(1)

リスクの評価

assessing the ML/TF risks

　マネロン・テロ資金供与リスクの評価は、特定されたマネロン・テロ資金供与リスクの自らへの影響度等を評価し、低減措置等の具体的な対応を基礎づけるものであり、金融庁ガイドラインにおいても「リスクベース・アプローチの土台」と位置づけられている。したがって、金融機関等は、リスクの評価に際し、事業環境・経営戦略の特徴も含め、自らのリスク・プロファイルを十分に把握しなければならない。

　リスクの評価はリスクベース・アプローチの次のステップであるリスク低減措置の具体的内容と資源配分の見直し等の検証に直結する。このためリスク評価は経営陣の関与のもとで、全社的に実施することが重要であり、経営戦略全体のなかでのリスク許容度、資源配分方針の検証・見直し等の一環として、考慮・検討される必要がある。

◆金融庁ガイドラインⅡ－2－⑵

リスクの低減

mitigating the ML/TF risks

　マネロン・テロ資金供与リスクを低減させるための措置は、金融機関等が自らの直面するマネロン・テロ資金供与リスクを低減させるために行う措置であり、金融庁ガイドラインにおいても「リスクベース・アプローチに基づくマネロン・テロ資金供与リスク管理態勢の実効性を決定づけるもの」と位置づけられている。

　リスクベース・アプローチにおいては、実際の顧客の属性・取引の内容等を調査し、調査の結果に基づくリスク評価の結果とリスク許容度を勘案しつつ、必要な低減措置を実施することとなる。

◆金融庁ガイドラインⅡ－2－(3)

デ・リスキング

de-risking

　リスクベース・アプローチにおいては、特定したマネロン・テロ資金供与リスクの評価に応じて、必要な低減措置を実施することとなるが、リスク評価に見合わない強度な低減措置を実施し、過度にリスク回避することをいう。具体的には、マネロン・テロ資金供与対策の名目のみを理由として、合理的な理由なく、顧客との取引関係を謝絶したり取引制限を実施すること。

◆金融庁ガイドラインⅡ－2－(3)(ⅱ)⑪
◆金融庁「FAQ」上項関連Q2

インターネットバンキング

internet banking

　店頭窓口やATMではなく、インターネット上で振込や振替などの取引や銀行口座の残高照会を行うことで、店舗がある都市銀行や地方銀行においても必要な手続を行うことによって利用できる。インターネットバンキングについては、乗っ取りやなりすましや取引時確認事項の偽りの可能性があることなど、非対面取引のリスクをふまえた対応が必要である。

◆金融庁ガイドラインⅡ－2－(3)(ⅰ)
◆金融庁「FAQ」上項関連Q4

非対面決済

non face-to-face payment

ECサイトやスマートフォンアプリやインターネット上で、クレジットカード情報などを入力して決済する方法。店頭に設置している決済端末にクレジットカードを挿入したり、スマートフォンのタッチ決済を利用する方法は対面決済という。

◆金融庁ガイドラインⅡ－2－(3)(i)
◆金融庁「FAQ」上項関連Q4

リスク許容度

risk tolerance

リスク許容度とは、リスク低減措置を行った後の残存リスクが、当該金融機関等のリスク上の許容範囲に収まることを意味する。

ここで「許容範囲」の判断にあたっては、リスク評価書上で一定の点数以下になるという形式基準だけでなく、残存するリスクが何で、それはどのような方法によってどこまで払拭できるのか、さらに、どのような事象がトリガーとなって許容範囲を超えるレベルに変異しうるのか、という見極めが重要である。

◆金融庁ガイドラインⅠ－2－(1)

顧客管理（カスタマー・デュー・ディリジェンス）

customer due diligence（CDD）

金融庁ガイドラインにおいて、リスク低減措置のうち、特に個々の顧客に

第Ⅱ部　リスクベース・アプローチ　81

着目し、自らが特定・評価したリスクを前提として、個々の顧客の情報（どのような人物・団体か、団体の場合、実質的支配者はだれか、どのような取引目的を有しているか、資金の流れはどうなっているか等）や当該顧客が行う取引の内容等を調査し、必要な低減措置を判断・実施する一連の流れ（手続）を指して「顧客管理」と呼び、リスク低減措置の中核的項目と位置づけられている。

　金融機関等は、顧客管理の各段階（取引関係の開始時・継続時・終了時）において、個々の顧客やその行う取引のリスクの大きさに応じて調査し、講ずべき低減措置を的確に判断・実施する必要がある。

　また、金融機関等においては、これらの過程で確認した情報、自らの規模・特性や業務実態等を総合的に考慮し、すべての顧客について顧客リスク評価を実施するとともに、自らが、マネロン・テロ資金供与リスクが高いと判断した顧客については、リスクに応じた厳格な顧客管理（Enhanced Due Diligence：EDD）を行う一方、リスクが低いと判断した場合には、リスクに応じた簡素な顧客管理（Simplified Due Diligence：SDD）を行うなど、円滑な取引の実行に配慮することが求められている。

◆金融庁ガイドラインⅡ－2－(3)

休眠口座

dormant account

　「民間公益活動を促進するための休眠預金等に係る資金の活用に関する法律」に定められた10年間取引がない口座のことをいう。10年間取引がない預金を休眠預金として、2019年1月以降に発生する休眠預金を、民間での公益的な活動の支援に活用すると定められており、休眠預金の対象になる預金は、普通預金、通常貯金などで、外貨預貯金などは対象とならない。

　なお、金融庁ガイドラインのFAQでは、長期にわたり取引がなされてい

ない口座を「長期不稼働口座」と呼び、急に取引が開始された場合や新たに
小口の資金移動が発生した場合など長期不稼働口座が稼働した場合には、そ
の金額の多寡を問わず検知できる体制を設けること、およびその理由を確認
したうえで、顧客リスク評価を実施し、厳格な顧客管理の要否を判断する仕
組みの構築などが必要とされている。

◆政府広報オンライン（「放置したままの口座はありませんか？10年たつと「休
　眠預金」に。」）
◆金融庁ガイドラインⅡ－2－(3)(ii)
◆金融庁「FAQ」上項関連Q6

個人番号（マイナンバー）カード

individual number card（My Number Card）

　行政手続における特定の個人を識別するための番号の利用等に関する法律
により、地方公共団体情報システム機構が発行するICチップ付きの個人番
号が記載されたカードで、愛称を「マイナンバーカード」という。犯罪収益
移転防止施行規則により、取引時確認時に、特定事業者が顧客等の本人特定
事項の確認に使用できる本人確認書類のうちの1つとして規定されている。
2024年6月、内閣総理大臣が主宰する犯罪対策閣僚会議において「国民を詐
欺から守るための総合対策」が取りまとめられ、本人確認書類の券面の偽変
造による不正契約が相次いでいることから、犯罪収益移転防止法に基づく非
対面での本人確認手法は、マイナンバーカードによる公的個人認証に原則と
して一本化し、運転免許証等を送信する方法や、顔写真のない本人確認書類
等は廃止、対面でもマイナンバーカード等のICチップ情報の読み取りを義
務づける方針を決定している。

◆犯罪収益移転防止法第4条
◆犯罪収益移転防止法施行規則第6条、第7条
◆国民を詐欺から守るための総合対策

第Ⅱ部　リスクベース・アプローチ　83

全銀協参考例

model terms and condition by Japanese Bankers Association

全銀協が制定している普通預金規定の参考例のこと。金融庁ガイドラインにおいて、自らが定める適切な顧客管理を実施できないと判断した顧客については、リスク遮断を図ることを検討することが求められていることから、普通預金規定の参考例において、預金がマネー・ローンダリング、テロ資金供与、経済制裁関係法令等に抵触する取引に利用され、またはそのおそれがあると合理的に認められる場合には、取引の制限や解約等をする場合があることを記載している。

◆金融庁ガイドラインⅡ−2−(3)

継続的顧客管理

ongoing（customer）due diligence

顧客管理のなかでも、一見取引ではなく、反復継続して取引を行う顧客の場合にはさらなる対応を必要とすることがFATF勧告および金融庁ガイドラインで明記されている。継続的顧客管理とは所定の取引時確認を終えて取引を開始した後に、顧客の属性やリスク、取引内容のモニタリングを行い、当初の取引時確認時等の理解と著しい乖離があった場合に適切なリスク低減措置を講ずる一連のプロセスをいう。とりわけ、顧客が法人や団体の場合、取引開始時の申告だけで、その活動実態を正しく把握することに限界があることもあり、取引を進めつつ、申告内容との乖離がないかなどを確認していくことが重要になってくる。

継続的顧客管理を着実に実施するためには、点検をする要件（トリガー）を定め、第1線および第2線による確認、そして関係部門の情報共有との連携が不可欠である。

なお、金融庁ガイドラインと同FAQにおいて、継続的顧客管理に以下の対応が求められる。

・取引類型や顧客属性等に着目し、自らのリスク評価や取引モニタリングの結果もふまえて、調査の対象や頻度を含む継続的な顧客管理の方針を決定し、実施すること。

・調査の範囲や手法等が顧客の取引実態や取引モニタリングの結果に照らして適切か、継続的に検討すること。

・各顧客のリスクが高まったと想定される具体的な事象が発生した場合等の機動的な顧客情報の確認に加え、高リスク先については1年に1度、中リスク先については2年に1度、低リスク先については3年に1度といった頻度で定期的に情報更新すること。

・確認した顧客情報等をふまえ顧客リスク評価を見直し、リスクに応じたリスク低減措置を講ずること。

・あらゆる手段を講じても顧客が調査に応じることができない場合、そのような事実や取引データ等をふまえた顧客リスク評価を行い、経営陣等に報告のうえ、適切なリスク低減措置が求められる。なお、必要とされる情報の提供を利用者から受けられないなど、自らが定める適切な顧客管理を実施できないと判断した顧客・取引等については、取引の謝絶を行うこと等を含め、リスク遮断を図ることを検討することも求められている。

◆金融庁ガイドラインⅡ－2－(3)

特定取引

specified transactions

　特定取引とは、犯罪収益移転防止法において、特定事業者が行う取引のうち、取引時確認や確認記録の作成・保存義務の対象となる取引のことであり、次の2つの類型がある。

第Ⅱ部　リスクベース・アプローチ　85

・対象取引

　犯罪収益移転防止法施行令第7条に列挙されている取引をいう。預貯金口座の開設や200万円超の大口現金取引、クレジットカード契約の締結、10万円超の現金送金など、事業者の業態ごとに規定されている。なお、「200万円」や「10万円」といった敷居値以下の取引であっても、1回当りの取引の金額を減少させるために1件の取引を分割していることが一見して明らかなものは、1件の取引とみなされる。

・特別の注意を要する取引

　「対象取引」以外の取引で、顧客管理を行ううえで特別の注意を要するものとして次に掲げる取引をいう。なお、敷居値以下の取引や簡素な顧客管理を行うことが許容される取引であっても、特別の注意を要する取引に該当する可能性がある。

　　○マネー・ローンダリングの疑いがあると認められる取引

　　○同種の取引の態様と著しく異なる態様で行われる取引

◆犯罪収益移転防止法第4条、第6条
◆警察庁JAFIC「犯罪収益移転防止法の概要」

高リスク取引

high risk transactions

　高リスク取引とは、狭義には、犯罪収益移転防止法第4条第2項に規定するマネー・ローンダリング等のハイリスク取引のことであり、次のいずれかに該当する取引をいう。

・なりすましの疑いがある取引または本人特定事項を偽っていた疑いがある顧客との取引

・特定国等に居住・所在している顧客との取引

・外国PEPs（重要な公的地位にある者（politically exposed persons））との取引

ハイリスク取引を行うに際しては、通常の特定取引と同様の確認事項に加え、リスクベース・アプローチの観点から、より厳格な顧客管理を行うために、その取引が200万円を超える財産の移転を伴うものである場合には「資産および収入の状況」の確認を行うこととなる。

　また、マネー・ローンダリングに利用されるおそれの高い取引であることをふまえ、「本人特定事項」および「実質的支配者」については、通常の特定取引に際して行う確認の方法に加え、追加の本人確認書類または補完書類の提示または送付を受けることになる。

　さらに、継続的な契約（たとえば預貯金契約）に基づく取引（たとえば預金の払戻し）に際し、なりすましや偽りの疑いがある場合には、当該継続的な契約に際して確認した書類以外の書類を少なくとも１つ確認する必要がある。そのため、たとえば、預貯金契約の締結に際して運転免許証により本人特定事項の確認を行った場合には、ハイリスク取引である預金の払戻しに際しては、運転免許証以外の書類（マイナンバーカード等）により本人特定事項の確認を行う。

　なお、狭義における高リスク取引を行う顧客について、法定項目を確認することは最低限必要な措置にすぎず、金融庁ガイドラインでは、すべての顧客について顧客リスク評価を実施するとともに、金融機関等において策定した顧客の受入れに関する方針等に基づき、必要な情報を確認・調査した結果、受入段階において、マネロン・テロ資金供与リスクが高いと判断された顧客や受入後に継続的な顧客管理措置のなかで、リスク評価を見直した際に、あらかじめ定められた方法で高リスクと判断された顧客が行う取引に対して、リスクに応じた厳格な顧客管理（EDD）を実施することが求められている。

◆犯罪収益移転防止法第４条第２項
◆警察庁JAFIC「犯罪収益移転防止法の概要」
◆金融庁ガイドラインⅡ－２－(3)(ii)
◆金融庁「FAQ」上項関連Ｑ１

第Ⅱ部　リスクベース・アプローチ　87

公的個人認証サービス

public certification service for individuals

「電子署名等に係る地方公共団体情報システム機構の認証業務に関する法律」に基づき、地方共同法人である地方公共団体情報システム機構が運営するサービス。インターネットを通じて安全・確実な行政手続等を行うために、他人によるなりすまし申請や電子データが通信途中で改ざんされていないことを確認するための機能を電子証明書というかたちで提供している。電子証明書は、市区町村窓口において取得でき、個人番号（マイナンバー）カード内に記録される（☞デジタル社会の実現に向けた重点計画）。

◆電子署名等に係る地方公共団体情報システム機構の認証業務に関する法律

実質的支配者（受益者）

beneficial owner

最終的に顧客である法人を所有し、または支配している自然人および／または取引の効果が帰属する者をいう。

犯罪収益移転防止法施行規則第11条第2項によれば、株式会社では、①株式の50％を超える株式を保有する個人、そのような者がいない場合には、②25％を超える株式を保有する個人、そのような者もいない場合には、③事業活動に支配的な影響力を有する個人、そのような者もいない場合には、④代表取締役が該当することとなる。

金融機関等においては、犯罪収益移転防止法に基づく取引時確認の際、法人の実質的支配者に該当する自然人を特定し、その者の本人特定事項の申告を受けることが求められている。

他方、犯罪収益移転防止法とは異なり、外為法遵守ガイドラインは、実質的に制裁対象者に対する支払等を規制対象としており、実質的支配者につい

て、個別の事案に即して具体的に判断する必要があるが、1つの基準として、制裁対象者が発行済株式総数の過半数以上を保有している場合（いわゆる「50％ルール」等）が該当するとされている。

　具体的には、ロシア・ベラルーシの制裁対象者である団体により株式の総数等の50％以上を直接保有されている団体については、告示により個別に指定されていないが、資産凍結等の措置の対象となる者とされている。

> ◆FATF「40の勧告」解釈ノート
> ◆犯罪収益移転防止法施行規則第11条
> ◆金融庁ガイドラインⅡ－2－⑶
> ◆財務省「外為法遵守ガイドライン」Ⅱ－4－⑸－②

実質的支配者リスト制度

beneficial ownership of legal persons list system

　FATF勧告24において、法人の実質的支配者情報の取得・把握の実効性を確保する措置を講ずることを求められていることなどをふまえ、2022年1月より、公的機関において法人の実質的支配者に関する情報を把握する本制度が開始された。

　本制度は、株式会社からの申出により、商業登記所の登記官が、当該株式会社が作成した実質的支配者リストについて、所定の添付書面により内容を確認したうえでこれを保管し、登記官の認証文付きの写しの交付を行うもの。実質的支配者リストとは、実質的支配者について、その要件である議決権の保有に関する情報を記載した書面をいう。

> ◆FATF勧告24（法人の実質的支配者）
> ◆商業登記所における実質的支配者情報一覧の保管等に関する規則

第Ⅱ部　リスクベース・アプローチ　89

公証人による「申告受理及び認証証明書」

notarization, certification by notaries

2018年11月に公証人法施行規則の一部が改正され、定款認証の際、株式会社、一般社団法人、一般財団法人の定款認証の嘱託人は、法人成立の時に実質的支配者となるべき者について、氏名、住居および生年月日等と、暴力団員および国際テロリストに該当するか否かを公証人に申告することが必要となり、この実質的支配者の申告を行うと、嘱託人に無料で発行される書類のこと。

これは、当該法人が実質的支配者の申告を経て定款の認証を受けたものであることを証明する証明書で、金融機関における新規取引の際に行われる反社会的勢力調査の資料等として用いられている。

◆公証人法施行規則

外国人（顧客の本人確認）

identification of foreign /non-resident customers

犯罪収益移転危険度調査書において、マネー・ローンダリングを行う主な主体として、来日外国人犯罪グループがあげられており、外国人が関与する犯罪には、法制度や取引システムの異なる他国に犯罪収益が移転することによってその追跡が困難となる特徴がある、とされている。

在留期間の定めのある在留外国人で、将来口座の取引の終了が見込まれる場合には、当該口座が売却され、金融犯罪に悪用されるリスクを特定・評価し、適切なリスク低減措置を講ずる必要がある。

この場合のリスク低減措置として、在留期間を顧客管理システム等により管理し、在留期間の更新が確認された場合には再度顧客管理システムへの登録を行う一方、更新が確認できないなどリスクが高まると判断した場合に

は、取引制限を実施するなどのリスク低減措置を講ずることが考えられる。

◆国家公安委員会「犯罪収益移転危険度調査書」（2023年12月）第3　1－(3)

外国PEPs

Foreign Politically Exposed Persons（PEPs）

　PEPsとは、政府や国際機関において重要な役職にある者のこと。犯罪収益移転防止法は外国PEPsのみを規定し、同法施行令第12条第3項各号および同法施行規則第15条各号に以下を掲げている。

・わが国における内閣総理大臣、国務大臣および副大臣に相当する職
・わが国における衆議院議長、衆議院副議長、参議院議長、参議院副議長に相当する職
・わが国における最高裁判所の裁判官に相当する職
・わが国における特命全権大使、特命全権公使、特派大使、政府代表または全権委員に相当する職
・わが国における統合幕僚長、統合幕僚副長、陸上幕僚長、陸上幕僚副長、海上幕僚長、海上幕僚副長、航空幕僚長、航空幕僚副長に相当する職
・中央銀行の役員
・予算について国会の議決を経、または承認を受けなければならない法人の役員

◆犯罪収益移転防止法施行令第12条、同法施行規則第15条
◆金融庁ガイドラインⅡ－2－(3)(ii)

第Ⅱ部　リスクベース・アプローチ　91

特定国等

specified jurisdiction, etc.

　犯罪収益移転防止法施行令第12条各号に掲げるマネロン・テロ資金供与対策が不十分であると認められる国または地域をいう。

　現在のところ同法ならびに同施行令に規定されている国はイランおよび北朝鮮である。

　犯罪収益移転防止法上の厳格な取引時確認の対象となる国は前記のとおりであるが、金融機関等は、たとえばFATFが随時発表するマネロン・テロ資金供与対策に欠陥がある国・地域や、時々刻々と変化する地政学リスクなどを勘案し、自身の顧客や取引内容などの関係で、犯罪収益移転防止法に規定されている特定国以外の国や地域であっても、リスクを特定・評価して、それに対する適切なリスク管理を行う必要がある。

◆犯罪収益移転防止法施行令第12条

厳格な顧客管理

enhanced due diligence （EDD）

　金融機関等においては、すべての顧客について顧客リスク評価を実施するとともに、自らが、マネロン・テロ資金供与リスクが高いと判断した顧客について、外国PEPsや特定国等に関係する取引を行う顧客も含め、たとえば以下の措置を実施することで、リスクに応じた厳格な顧客管理を行うことが求められている。

・資産・収入の状況、取引の目的、職業・地位、資金源等について、リスクに応じ追加的な情報を入手すること

・当該顧客との取引の実施等につき、上級管理職の承認を得ること

・リスクに応じて、当該顧客が行う取引に係る敷居値の厳格化等の取引モニ

タリングの強化や、定期的な顧客情報の調査頻度の増加等を図ること

・当該顧客と属性等が類似する他の顧客につき、顧客リスク評価の厳格化等が必要でないか検討すること

・顧客の営業内容、所在地等が取引目的、取引態様等に照らして合理的ではないなどのリスクが高い取引等について、取引開始前または多額の取引等に際し、営業実態や所在地等を把握するなど追加的な措置を講ずること

◆金融庁ガイドラインⅡ－2－(3)(ⅱ)
◆犯罪収益移転防止法第4条第2項前段

簡素な顧客管理

simplified due diligence（SDD）

　金融機関等においては、マネロン・テロ資金供与リスクが低いと判断した場合には、リスクの特性をふまえながら、当該顧客が行う取引のモニタリングに係る敷居値を上げたり、顧客情報の調査範囲・手法・更新頻度等を異にしたりするなどのリスクに応じた簡素な顧客管理（Simplified Due Diligence：SDD）を行うなど、円滑な取引の実行に配慮することが求められている。なお、金融庁ガイドラインにおける「リスクに応じた簡素な顧客管理」とは、犯罪収益移転防止法上の「簡素な顧客管理」とは異なる概念で、主として顧客情報の更新の場面で、顧客リスク評価の結果、低リスクと判断された顧客のうち、一定の条件を満たした顧客について、顧客情報を更新するなどの積極的な対応を留保し、取引モニタリング等によって、マネロン・テロ資金供与リスクが低く維持されていることを確認する顧客管理措置のことをいう。

◆金融庁ガイドラインⅡ－2－(3)(ⅱ)
◆金融庁「FAQ」上項関連Q1、Q2

第Ⅱ部　リスクベース・アプローチ　93

リスクスコアリング

risk scoring

　顧客リスク評価や取引のリスク評価をする際に、顧客属性や取引内容等を点数化してリスク評価する方式のこと。リスクスコアリング方式を決定する際には、犯罪収益移転危険度調査書や業界団体によるリスク評価、分析レポート、FATFによるリスク評価といった評価手法もふまえ、これらに含まれる業界、国におけるリスク認識とも整合性がとれるかといった点も考慮することが考えられる。

◆金融庁ガイドラインⅡ－2－(2)

顧客の受入れに関する方針（顧客受入方針）

customer acceptance policies

　顧客受入方針とは、マネロン・テロ資金供与対応の観点から、取引時確認の内容・方法、スクリーニングの内容・方法、顧客リスク評価、リスクに応じた継続的な顧客管理など、主に第1線の担当者がマネロン・テロ資金供与対応を適切に行うためのガイドライン（事務手続）を指すものである。金融庁ガイドラインにおいても、同方針の策定が求められており、その際には、たとえば、顧客の経歴、資産・収入の状況や資金源、居住国等、顧客が利用する商品・サービス、取引形態等、さまざまな情報を勘案することが必要となる。

　金融庁ガイドラインでは、顧客受入方針は、「自らが行ったリスクの特定・評価に基づいて、リスクが高いと思われる顧客・取引とそれへの対応を類型的・具体的に判断する」ための方針と定義されている。

　管理部門は、この顧客受入方針を策定して営業店等に周知徹底させることにより、リスク評価書において特定・評価されたマネロン等に係るリスク情

報を、具体的な業務運営に即したかたちですべての営業店等に浸透させることができる。

　なお、顧客や取引が「高リスク」等の類型に該当するか否かは、第一義的には営業店等が判断することとなるが、それを可能とするためには、「顧客から入手すべき情報は何か」「入手した情報をどのように検証・評価するか」「リスクに応じた厳格な顧客管理（EDD）はどのような兆候があった時に実施するか」「EDDの内容・程度はどのようなものか」といった事項について、あらかじめ明瞭かつ具体的な基準（チェックリスト形式が望ましい）を営業店等に示しておく必要がある。かかる基準も、顧客受入方針の一部として（あるいは付随・関連するものとして）、管理部門がその専門的知見に基づいて策定する。

◆金融庁ガイドラインⅡ－2－⑶

取引モニタリング・フィルタリング

transaction monitoring and transaction filtering

　「取引モニタリング」は、過去の取引パターン等と比較して異常取引の検知、調査、判断等を通じてリスクを低減させる手法であり、「取引フィルタリング」は、反社会的勢力や制裁対象取引等のリストとの照合を行うことなどを通じてリスクを低減させる手法である。

◆金融庁ガイドラインⅡ－2－⑶(ⅲ)
◆金融庁ガイドラインに関するパブコメ回答（2018年2月6日）125番

異常取引

unusual large transactions, or unusual patterns of transactions

　異常取引とは、多額・頻繁な取引など通常取引とは乖離した取引や顧客確認時に取得した情報から乖離している取引、また、取引モニタリングにより検知された取引。厳格な顧客管理や疑わしい取引の届出が必要か否かを検討するトリガーとなりうる取引である。

◆金融庁ガイドラインⅡ－2－(3)

制裁対象取引

transactions subject to economic sanctions

　制裁対象取引とは、各国が国連安保理決議や独自の法令に基づき実施している経済制裁の対象として規制されている取引。日本であれば、外為法に基づく資産凍結等の措置が求められる経済制裁措置および経済制裁対象者が関連している取引をいう。

　欧米では、制裁対象取引を行った金融機関等に対し多額の制裁金が科されるケースが増えている。こうした取引を回避するためには、制裁対象者リストに基づいてフィルタリングだけでなく、その取引がどの地域の法域（jurisdiction）に関係するかという、取引および取引関係者の正しい把握が重要である。

◆金融庁ガイドラインⅡ－2－(3)

記録の保存

record keeping

　犯罪収益移転防止法第6条において、金融機関等の特定事業者が取引時確認を行った場合には、直ちに確認記録を作成し、特定取引等に係る契約が終了した日から7年間保存しなければならない旨が規定されている。また同法第7条には、特定事業者が特定業務に係る取引を行った場合には、少額取引等の例外を除き、直ちに顧客等の確認記録を検索するための事項、当該取引の期日および内容その他の事項に関する記録を作成し、当該取引等が行われた日から7年間保存しなければならないことが規定されている。なお、金融機関等が保存する確認記録や取引記録は、自らの顧客管理の状況や結果等を示すものであるほか、当局への必要なデータの提出や疑わしい取引の届出の要否の判断等にも必須の情報とされている。

◆犯罪収益移転防止法第6条、第7条
◆金融庁ガイドラインⅡ－2－(3)

確認記録

verification records

　犯罪収益移転防止法第6条において、金融機関等の特定事業者が取引時確認を行った場合に作成する義務がある記録のこと。犯罪収益移転防止法施行規則第19条において、確認記録の作成方法として、文書、電磁的記録またはマイクロフィルムを定めている。また、同規則第20条において、確認記録の記録事項として、顧客等の本人特定事項や本人特定事項の確認を行った方法のほか、取引時確認を行った者や確認記録の作成者の氏名を記録することとされている。

◆犯罪収益移転防止法第4条

第Ⅱ部　リスクベース・アプローチ　97

◆犯罪収益移転防止法施行規則第19条、第20条、第21条

ITシステムの活用

utilizing IT systems

ITシステム（ソフトウエアを含む）の活用等により、金融機関等は自らの継続的な顧客管理について、商品・サービス、取引形態、国・地域、顧客属性等のさまざまな情報を集約管理し、大量の取引のなかから、異常な取引を自動的かつ迅速に検知することや、その前提となるシナリオや敷居値をリスクに応じて柔軟に設定、変更等することが可能となるなど、リスク管理の改善が図られる可能性がある。

◆金融庁ガイドラインⅡ－2－(3)

データ管理（データ・ガバナンス）

data management, data governance

金融機関等において、確認記録・取引記録等について正確に記録するほか、ITシステムを有効に活用する前提として、データを正確に把握・蓄積し、分析可能なかたちで整理することである。金融機関等は、データの適切な管理を実施することが求められており、確認記録・取引記録のほか、リスクの評価や低減措置の実効性の検証等に用いることが可能な情報を把握・蓄積し、分析可能なかたちで整理するなど適切な管理を行い、必要に応じて当局等に提出できる態勢としておくことが求められている。

金融庁ガイドラインでは、リスクベース・アプローチによる継続的な顧客管理の枠組みにおいては、すべての顧客についてマネロン・テロ資金供与に係る情報を収集・蓄積し、分析することで、顧客リスク評価を実施すること

98

が求められている。

その場合、ITシステムにおいては、これまで以上に顧客情報等のデータについて、網羅性・正確性が重要となることから、同ガイドラインでは、データの適切性に関する定期検証に関する項目が明確化されている。

◆金融庁ガイドラインⅡ－2－⑶

モデル・リスク管理に関する原則

principles for model risk management

金融庁が公表したモデル・リスク管理に関する期待目線を原則ベースで示し、モデル・リスク管理態勢の構築・強化を求めたもので、適用対象は、金融システム上重要な金融機関（G-SIBs・D-SIBs）である。

モデルとは、定量的な手法であって、理論や仮定に基づきインプットデータを処理し、アウトプット（推定値、予測値、スコア、分類等）を出力するものをいい、モデル・リスクとは、モデルの誤りまたは不適切な使用に基づく意思決定によって悪影響が生じるリスクと定義しており、財務的な損失に限らず幅広い悪影響が含まれうる。

そして、モデル・リスク管理における重要な概念として3つの防衛線、モデル・ライフサイクル、リスクベース・アプローチの3つをあげており、ガバナンス、モデルの特定、インベントリー管理およびリスク格付、モデル開発、モデル承認、継続モニタリング、モデル検証、ベンダー・モデルおよび外部リソースの活用、内部監査といった管理を行っていく際に考慮すべき8つの原則を示している。

モデルは、リスク計測（信用リスク、市場リスク、オペレーショナル・リスク）等において広く使用されてきたが、近年、マネー・ローンダリング対策、不正検知、アルゴリズム取引等の領域に、利用範囲を拡大させている。

◆金融庁「モデル・リスク管理に関する原則」

第Ⅱ部　リスクベース・アプローチ　99

データクレンジング

data cleaning

　データベースなどに保存されているデータのなかから、重複や誤記、表記の揺れなどを探し出し、削除や修正、正規化などを行ってデータの質を高めることを指す。

　金融庁ガイドラインでは、データの適切性に係る定期検証に関する項目が明確化されており、検証の具体的手法や留意点については、各金融機関等において、規模や特性、顧客リスク等に応じて、個別具体的に判断されることになるが、たとえば、システムと突合するデータの検証に関して、取引モニタリングについては、取引のデータおよび顧客のデータが正確かつ網羅的であるかを検証することが求められる。

◆金融庁ガイドラインⅡ－2－(3)

海外送金

foreign remittance

　本邦と外国の間で国境を越えて行われる送金（仕向および被仕向）の総称で、外為法では、支払または支払の受領（「支払等」）に該当する。

　海外送金は、国内送金に比べて資金移転の追跡が困難になることや、犯罪収益は、マネロン・テロ資金供与対策の水準が低い国や地域に流れやすいことなどから、マネロン・テロ資金供与リスクが高いとされる。

　また、日本と異なる独自の法規制や経済制裁を実施している国が関係する場合には、当該国の法令についても留意する必要があり、抵触した場合に、多額の制裁金を科されるリスクもある（☞OFAC（米国財務省外国資産管理局））。

　金融庁ガイドラインでは、海外送金の委託元金融機関に対するモニタリングやマネロン・テロ資金供与リスク管理態勢の実態の確認が求められてお

100

り、海外送金が、貿易金融の決済手段として行われる場合については、その取引内容や送金の経路等に関するリスクへの留意が必要となる（☞輸出入取引等に係る資金の融通および信用の供与等）。

SWIFT

Society for Worldwide Interbank Financial Telecommunication

　参加する銀行間の国際送金に関するメッセージをコンピュータと通信回線を利用して伝送するネットワークシステムおよび当該システムを運営する法人の名称。固定長形式のMT（Message Type）に加え、XML（Extensible Markup Language）形式のISO20022の利用が開始されており、2025年11月以降は、ISO20022の利用が必須となる旨の方針をSWIFTが公表している。

　SWIFTはベルギー法人であるため、EU法の管轄下にある。このため、EUの経済制裁に係る命令に従って、現在、複数のロシア国営銀行等に対するサービスを停止している。

◆金融庁ガイドライン

コルレス契約

correspondent banking arrangement

　外国為替取引の際に相手の国にある為替銀行と業務上結ぶ必要のある取決めのこと。この相手先の銀行をコルレス先または取引先銀行といい、コルレス銀行が開設している為替決済勘定をコルレス勘定という。犯罪収益移転防止法では、外国所在の銀行との間でコルレス契約を締結するに際しては、コルレス先のマネロン・テロ資金供与リスクの管理態勢等を確認することが求められている。なお、為替決済のために自行名義の預金勘定を置いている先

第Ⅱ部　リスクベース・アプローチ　101

を「デポジタリー・コルレス（デポ・コルレス）」、預金勘定を置いていない先を「ノン・デポジタリー・コルレス（ノン・デポ・コルレス）」という。

　金融機関等は、さまざまなコルレス先について、所在する国・地域、顧客属性、業務内容、マネロン・テロ資金供与リスク管理態勢、現地当局の監督等をふまえたうえでリスク評価を行い、リスクの高低に応じて定期的な監視の頻度等に差異を設けることが期待されている。

◆金融庁ガイドラインⅡ－2－(4)(i)
◆金融庁「FAQ」上記項目関連Q

シェルバンク

shell bank

　FATFの「40の勧告」用語集では、設立または許認可を受けた国に物理的実態がなく、効果的な連結ベースの監督に服している金融グループとは関係を有さないものをいい、物理的な存在とは、ある国において、重要な意思や管理能力が所在することをいい、単なる現地の代理人、もしくは低いレベルのスタッフは、物理的存在とはいえない、と定義している。このことをふまえ、犯罪収益移転防止法第9条第1号では、特定事業者が外国銀行との間でコルレス契約を締結するに際しては、当該外国銀行がシェルバンクではないことの確認を行わなければならない、としている。

◆犯罪収益移転防止法第9条第1号

RMA

relationship management application

　SWIFTにおいて通信を行うために交換するApplicationのこと。RMAを交

換して相互にSWIFTネットワーク上で資金移動の指図・信用状の開設等のメッセージのやりとりを許容し合う関係を構築しているような先をいう。犯罪収益移転防止法第9条第2号「為替取引を継続的に又は反復して行うことを内容とする契約」にはRMA先も含まれ、金融庁ガイドラインのコルレス先は、RMA先も含む概念として用いられている。

◆犯罪収益移転防止法第9条第2号

業務委託先

outsourced entity

　世界各地に幅広くコルレス網を展開していない地域金融機関等の中小金融機関は、海外送金等の業務を契約により大手行等に委託することがある。この場合の大手行等を業務委託先（受託金融機関）、中小金融機関を委託元金融機関という。金融機関等がコルレス契約を締結したり、他の金融機関等から海外送金等を受託等している場合、マネロン・テロ資金供与リスクの低減措置の実効性は、契約の相手方のマネロン・テロ資金供与リスク管理態勢に拠らざるをえない面があり、これらの契約の相手方におけるマネロン・テロ資金供与リスク管理態勢を適切に監視することが求められる。

　金融庁マネロンガイドラインでは、コルレス先や委託元金融機関等についてのリスク評価を対応が求められる事項として規定している。

　また、金融機関等においては、コルレス先や業務委託先からの照会等があった場合には、自らのリスク管理態勢や低減措置等の状況を適切に説明することが必要となる場合もある。

◆金融庁ガイドラインⅡ－2－(4)(ⅰ)

第Ⅱ部　リスクベース・アプローチ　103

電信送金

wire transfers

送金人が金融機関を通じて電子的方法により、被仕向金融機関の受取人に対して資金を移転する取引をいう。なお、電信送金はシリアル送金およびカバー送金を含む国外電信送金（仕向金融機関および被仕向金融機関が異なる国に所在する）および国内電信送金（仕向金融機関および被仕向金融機関が同じ国に所在する）に区別される（☞「カバー送金」「シリアル送金」）。

FATFは、第3次勧告でテロ資金対策の一環として電信送金の透明性向上に係る基準を導入。テロ資金の送金元をトレースバックできるようにするため、金融機関に対し、送金人や受取人等の情報を送金電文に明記することを求めている。この要請は、犯罪収益移転防止法第10条（外国為替取引に係る通知義務）で手当されている。

◆FATF勧告16（電信送金）解釈ノート

中継金融機関

intermediary financial institutions

シリアルまたはカバー送金において、仕向金融機関、被仕向金融機関またはその他の中継金融機関のかわりに電信送金を受け取り、発信する金融機関をいう。なお、中継金融機関の対応としては、電信送金に付記された送金人および受取人に関するすべての情報が保持されることを確保する必要があり、必須送金人情報または必須受取人情報が欠如した国際電信送金は適切な対応が求められている。

◆FATF勧告16（電信送金）解釈ノート

カバー送金

cover payment

外国送金において、送金メッセージは仕向金融機関（A国）から被仕向金融機関（B国）に直接送付されるが、支払指図（資金の付替えに係る指図）は、仕向金融機関から被仕向金融機関へ、1つまたは複数の中継金融機関を介して行われることがあり、このための電信送金をカバー送金という。

当該送金がA、B国の以外のC国の通貨で行われる場合（たとえば日本からイランへ米ドル建ての送金を行う場合）、カバー送金は一般にC国（米国）の金融機関、またはC国（米国）に所在する金融機関を経由して行われる。

特に米国は、上記の例のように米ドル建てのカバー送金が制裁対象国に関与することも制裁の対象としている（☞「OFAC（米国財務省外国資産管理局)」「シリアル送金」「電信送金」）。

◆FATF勧告16（電信送金）解釈ノート

シリアル送金

serial payment

電信送金およびそれに付記する送金メッセージが仕向金融機関から被仕向金融機関に直接に、1つまたは複数の中継金融機関を経由して運ばれる一連の電信送金をいう。

FATFは、第3次勧告で電信送金の透明性向上に係る勧告を制定した（特別勧告Ⅶ、現在の勧告16)。当初はシリアル送金のみが対象であったが、イランと第三国間の銀行決済で米ドルが用いられていることを問題視した米国が規制に乗り出し（いわゆる「U-turn取引規制」)、FATFも電信送金に係る勧告にカバー送金を含めるようになった（☞「カバー送金」「電信送金」）。

◆FATF勧告16（電信送金）解釈ノート

第Ⅱ部　リスクベース・アプローチ　105

ストレート・スルー・プロセシング

straight through processing

手作業による処理によらず、機械的に処理される支払決済取引をいう。

◆FATF勧告16（電信送金）解釈ノート

トラベルルール

travel rule

犯罪収益移転防止法第10条の5において、暗号資産の移転について、当該移転の相手先暗号資産交換業者に対して当該移転を依頼した顧客および受取顧客の本人特定事項等を通知する義務を課すもの。

犯罪収益移転防止法第10条の3において、電子決済手段等取引業者に対しても同様の義務が課されている。暗号資産の取引は、インターネット上に存在するブロックチェーンと呼ばれるネットワークにおいて、暗号資産の種類ごとに国内・国外共通の方法で行われているが、ブロックチェーンの仕様上、移転にはアドレスの情報しか必要がないため、「ソリューション」と呼ばれる特殊な業者間システムを利用することによって通知が行われている。

◆犯罪収益移転防止法第10条の3、第10条の5

ブロックチェーン分析ツール

blockchain analytics tools

ブロックチェーン分析会社が提供するツールで、オープンソースおよび独自のツール・ノウハウを活用してブロックチェーン上のデータやそれ以外の情報を収集し、アドレスのリスクスコア算出などを行っている。犯罪収益移

転防止法施行規則第32第8項第1号に「当該暗号資産の移転に係る取引の相手方の属性について調査し、及び分析し」とあるが、具体的には、自らの顧客から申告を受けて入手した情報に加え、当該顧客の取引態様や、ブロックチェーン分析ツールの活用等により独自に収集した情報等をもとに、当該取引のマネロン・テロ資金供与リスクの程度を評価することを想定している。

◆犯罪収益移転防止法施行規則第32第8項第1号

輸出入取引等に係る資金の融通および信用の供与等（貿易金融）

trade finance

金融庁ガイドラインでは、海外送金等を行う際の留意点として、「輸出入取引等に係る資金の融通および信用の供与等」を取り上げ、対応が求められる事項として、輸出入取引に係る国・地域のリスク、取引等の対象となる商品、契約内容、輸送経路、利用する船舶等、取引関係者等のリスクにも留意が必要としている。

これらの事項に関する確認は、貿易決済を通じて犯罪収益を移転させるマネロン（いわゆるtrade-based money laundering：TBML）対策としてだけでなく、安全保障上機微な技術の移転（その対価の資金移転）や経済制裁に係る規制の潜脱行為を防止し、あるいは金融機関が巻き込まれないようにする観点からも重要である。

輸出入の取引に係る決済では、そのもととなる取引の全体像、とりわけ取引関係者、経由地、船舶などに法令等へ抵触するものがないかの把握が重要な鍵となるため、輸出入を行う顧客との情報共有を通じ、当該取引がどの国の法域と接点があるかを点検することが重要である（☞制裁対象取引）。また、内外の法規制については、関係する本邦当局（たとえば財務省や経済産業省）に確認することが望ましい。

第Ⅱ部　リスクベース・アプローチ　107

◆金融庁ガイドライン

特定非金融業者／職業専門家（DNFBP）

designated non-financial businesses or professions（DNFBP）

　金融機関以外の、マネロン・テロ資金供与リスクのある業務を行っている業種・職業として、カジノ、不動産業者、貴金属商、宝石商、弁護士、公証人、会計士など。犯罪収益移転防止法において、これらは、特定事業者として取引時確認等の義務を課せられている。

　DNFBPは、いわゆる「ゲートキーパー」として、FATF第3次勧告でFATF勧告の対象となったが、FATF相互審査でみる各国の対応状況にはばらつきがあった。実効性のあるマネロン・テロ資金供与対策を実現するためには、金融機関等だけではなく、DNFBPも含めた取組みの底上げが重要である。

◆FATF勧告22（DNFBPにおける顧客管理）
◆FATF勧告23（DNFBPによる疑わしい取引の届出義務）

ペイヤブル・スルー・アカウント

payable-through accounts

　第三者（外国金融機関）が自己のために直接用いる他の金融機関に開設するコルレス口座をいう。

　当該外国金融機関の顧客は開設した口座を通じて、取引を行うことが可能となる。

◆FATF勧告13（銀行のコルレス取引）
◆金融庁ガイドラインⅡ－2－(4)

FinTech

FinTech

　FinTechとは金融（Finance）とテクノロジー（Technology）を組み合わせた造語であり、広くAI（人工知能）、ブロックチェーン等の新技術を用いた革新的な金融機関の業務のあり方ととらえることができる。

　金融機関等は、マネロン・テロ資金供与対策において、こうした新技術の活用について、新技術の有効性を積極的に検討し、他の金融機関等の動向や、新技術導入に係る課題の有無等もふまえながら、マネロン・テロ資金供与対策の高度化や効率化の観点から、こうした新技術を活用する余地がないか、その有効性も含めて必要に応じ、検討を行っていくことが期待されている。

◆金融庁ガイドラインⅡ－2－(5)

金融包摂

financial inclusion

　一般的には、社会的および経済的に脆弱な人々が正式な金融システムから排除されることなく金融サービスにアクセスできるようにする取組みを指す。

　金融包摂とマネロン・テロ資金供与対策の関係は多面的であり、たとえば、対策を強化し入口の要件を厳しくすると、必要な書類を提供できない顧客が正式な金融システムに参入することを妨げる一方で、正式な金融システムから排除された個人が非公式または不正な手段に頼ることになり、マネー・ローンダリングやテロ資金供与活動の検出と防止を困難にすることもありうる。したがって、要件と金融包摂の間のバランスをとることが重要で、FATFは、金融包摂の重要性を考慮したリスクベースのアプローチを採

第Ⅱ部　リスクベース・アプローチ　109

用することを奨励している。

金融庁ガイドラインにおいても、必要とされる情報の提供を利用者から受けられないなど、自らが定める適切な顧客管理を実施できないと判断した顧客・取引等については、取引の謝絶を行うこと等を含め、リスク遮断を図ることを検討することとしている一方、マネロン・テロ資金供与対策の名目で合理的な理由なく謝絶等を行わないこと、とされている。

たとえば、在留外国人について、犯罪収益移転危険度調査書において、預金口座が使用されたマネー・ローンダリング事犯のうち、外国人が名義人となる架空・他人名義口座を使用するものが6割を超えているなどリスクが高いことが記載されているが、金融庁ガイドラインFAQでは、自らの直面するリスクをふまえ在留期間の定めのある顧客の管理方法を決定する必要があり、リスクベースの適切な検討をすることが考えられる、としている。

◆金融庁ガイドラインⅡ－2－(3)(ⅱ)
◆国家公安委員会「犯罪収益移転危険度調査書」(2023年12月)

RPA

robotic process automation

FinTechにおける新技術の1つであり、人工知能等を活用し、書類作成やデータ入力等の定型的作業を自動化することである。

金融機関等は、RPA等の新技術の有効性を積極的に検討し、マネロン・テロ資金供与対策の高度化や効率化の観点から、こうした新技術を活用する余地がないか、前向きに検討を行っていくことが期待されている。

◆金融庁ガイドラインⅡ－2－(5)

団　体

group/organization

「団体」の概念について、金融庁ガイドラインのFAQでは「法人に限定されるものではなく、法人格なき社団を含む」と説明している。また、「団体が形成しているグループ」については、「機械的に判断されるものではなく、（その）性質などを個別具体的に判断する必要がある」としている。

マネロン・テロ資金供与対策上、法人格の有無を問わず、人や財産の集合という器（vehicle）は、その結成や活動目的、構成員や実質的支配者などが不透明であることから、リスクが高いとされている。FATFは、勧告24と勧告25で、法人および法的取極めの実態把握の必要性を強調しており、その実質的支配者の確認にあたっては、複数の情報ソースからの情報を突き合わせる方法（multi-pronged approach）を採用している。

金融機関等の実務においては、代表者（自然人）に対する取引時確認はもとより、複数のソースからの情報収集のほか、場合によっては、申告があった事務所の所在地に出向いて、活動実態の有無や、申告のあった事業の活動内容との整合性を確保することも重要である。

なお、金融庁ガイドラインでは、顧客管理の「対応が期待される事項」として、「団体の顧客についてのリスク評価にあたっては、当該団体のみならず、当該団体が形成しているグループも含め、グループ全体としてマネロン・テロ資金供与リスクを勘案すること」としている。

◆金融庁ガイドラインⅡ－2－(3)(ii)

法人成り

incorporating

個人事業主が株式会社等の法人を設立して事業を引き継ぐことをいう。一

般に、法人成りは税金対策（法人税率＜所得税率）や金融機関からの支援枠の拡大などのメリットを享受する目的で行われるが、「法人」という衣（corporate vehicle）を纏うことで、活動実態や実質的支配者等がみえにくくなるため、マネロン対策等の観点では、その悪用に留意する必要がある。

また、法人や営業性個人は、取引関係者や親子会社等、関与する者が相当に存在することが多く、法人や営業性個人の行う取引に犯罪収益やテロリストに対する支援金等が含まれる可能性が相応にあるものと考えられる。

マネー・ローンダリング対策共同機構

Cooperation agency for Anti-Money Laundering（CAML）

一般社団法人全国銀行協会が、AML/CFT業務の高度化・共同化を図ることを目的として、100％出資して設立した株式会社。2024年5月に為替取引分析業の許可を取得し、2025年4月から、金融機関の取引モニタリングおよびネームスクリーニング業務の高度化、効率化を図るAIスコアリングサービスの提供を予定している（☞為替取引分析業）。

◆全銀協「AML/CFT業務の高度化・共同化に係る新会社の設立について」
◆CAMLウェブサイト

第Ⅲ部

管理態勢と
その有効性の検証・見直し

Q3.1 リスクベース・アプローチの考え方を取り入れたマネロン・テロ資金供与対策の方針・手続・計画等を策定しました。これらをどのように運営していけばよいですか。

　マネロン・テロ資金供与対策の「方針・手続・計画等」の運営に関しては、図表3－1に示すような、4つのステージ（段階）があり、これらがPDCAサイクルとして常に動いていることが求められます。

(1) リスク管理の実施――管理態勢の検証

　まずは、策定した「方針・手続・計画等」を経営陣から第1線までのすべての職員に周知させることが必要です。「方針・手続・計画等」は、単体の文書ではなく、通常、基本方針、規程類、実施要領、手順書など、さまざまな文書に散りばめられています。このため、これらがバラバラに存在するものではなく、基本方針を頂点とする規程等が体系を成しているこ

図表3－1　リスク管理態勢の検証

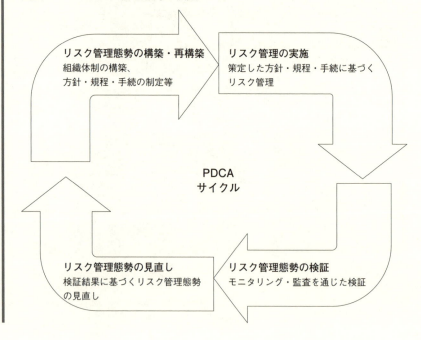

と、そして、その背景に自社の置かれた経営環境をとりまくマネロン・テロ資金供与等のリスクがあることを正しく認識することです。この本質に関する理解が欠如すると、規程類が単なるマニュアルと化し、リスクベース・アプローチとかけ離れた形式的な対応となってしまいます。

研修や説明会は、職員に広く周知するには効果的ですが、実施（受講）回数をノルマとするような方法では効果が見込めません。統括責任者が陣頭に立って実効性を伴うかたちで実施する必要があります。

(2) リスク管理態勢の見直し──管理態勢の構築・再構築

この「方針・手続・計画等」は、実務に適用しながらメンテナンスをしていく必要があります。自らの組織を取り巻くマネロン・テロ資金供与等のリスクは日々変動していることに加え（外部要因）、上記のように、実務のなかで無理なく機能しているかという観点での見直しも必要となります（内部要因）。この見直しには不断の検証が必要で、マネロン・テロ資金供与等のリスクを統括する責任者が第1線から第2線における運用状況をフォローし、規程類の定着度合い、実務との乖離がないかなどをモニタリングしていくことが求められます。

見直しにあたっては、当局の報告書や通知文書、新たな規制、外国当局の動向など、マネロン・テロ資金供与等のリスクや対策に関する情報をアンテナ高く収集し、見直しに反映させることが必要となります。

見直しの客観性を確保するために外部専門家を活用することは有効で、金融庁ガイドラインも「対応が期待される事項」として言及しています。地域金融機関のなかには、外部専門家に丸投げしている例も散見されますが、それでは自らの組織にリスクベース・アプローチの考え方は定着しません。アウトソースする場合でも、自らの職員を外部専門家との協議に参加させるとか、外部専門家をあくまでもオブザーバーとして招き、見直しは自らが主体的に行うなどにより、自社のアセットとして残していくことが重要です。

第Ⅲ部　管理態勢とその有効性の検証・見直し　115

Q3.2 経営陣は、マネロン・テロ資金供与対策をどのように主導していけばよいですか。

　金融庁ガイドラインが経営陣に求めることは多岐にわたりますが、何よりも経営陣には、万が一、法令違反となるような重大なマネロン・テロ資金供与対策等の不備が起きた場合、そのステークホルダーや社会に対する責任は自らが負うという危機意識と緊張感が求められます。

　拡散金融を含む制裁リスクへの対応を誤った場合は、外為法違反による行政処分に直結しますので、マネロン対策よりも厳格なリスク管理が求められます。経営陣は、自社の業務や取引のどこで制裁違反が起こりうるかを想定し、部門間の連携・協調（海外子会社を含む）に隙がないか、規程類や手順書どおりに実務が回っているかを常日頃から把握することが求められます。

　第1線〜第3線においてリスクベース・アプローチを有機的に機能させるためには、経営陣が、適切な人材配置を行うなど経営資源を投入し、マネロン・テロ資金供与リスク管理態勢を整備し、なぜそのような態勢としているのかを自らの言葉で当局等に説明できるようにする必要があります。

Q3.3 マネロン・テロ資金供与等に巻き込まれると経営に甚大な影響が及ぶ可能性があるのはわかりましたが、その対策は経営戦略上どのように位置づけるべきものですか。

　金融庁ガイドラインは、マネロン・テロ資金供与対策を経営戦略上の重要な課題の1つと位置づけることを求めています。これは、拡散金融を含む制裁違反リスクにも当てはまることで、具体的には次のような内容となります。

① 経営戦略（たとえば、新たな商品・サービス、他業態との提携、店舗展開、海外展開、取引先の拡大等に伴うリスク）とマネロン・テロ資金供与

対策等は表裏一体であるという認識をもち、当該リスクが顕在化しない予防策をプロアクティブに講じること。

② マネロン・テロ資金供与・拡散金融のリスクは、ひとたび巻き込まれると、金融機関の収益やレピュテーションといった経営基盤だけでなく、当局による業務停止処分や免許の取消しなど、自らの存続にも影響しうるという認識をもつこと。

③ 制裁に係る規制違反は、自社単体の問題にとどまらず、邦銀全体や日本の信認にも影響しうること。

こうした事情を社内に浸透させるため、ホームページなどでマネロン・テロ資金供与対策に関する自社の方針を周知したり、取締役会や経営会議でマネロン・テロ資金供与対策に関する事項が定期的に報告される態勢を整備することが求められます。

Q3.4 金融機関が全社的にマネロン・テロ資金供与対策に取り組むうえで、だれがどのような役割を担うのが適切ですか。

リスクベース・アプローチを実施するためには、営業・管理・内部監査の各部門が担う役割・責任を明確化するとともに、これら3つの防衛線（three lines of defence）が相互に連携かつ牽制する仕組みが必要です。

(1) 第1の防衛線

第1の防衛線（第1線）とは、営業部門を指します。顧客と直接対面する活動を行っている営業店や営業部門は、マネロン・テロ資金供与リスクに最初に直面する重要な部門であり、その際に、リスクを適切に把握してそれに見合った低減措置を適切に講じるなど、最前線でマネロン・テロ資金供与を防止する役割を担っています。

この第1線が有効に機能するためには、第1線に属するすべての役職員が、マネロン・テロ資金供与リスクを正しく理解したうえで、マネロン・テロ資金供与に自社を利用させない防波堤の役割を担っていることを意識

しつつ、日々の業務運営にあたることが求められます。

(2) 第2の防衛線

第2の防衛線（第2線）は、コンプライアンス部門やリスク管理部門などの管理部門です。また第2線には、マネロン・テロ資金供与対策の主幹部門以外に、取引モニタリングシステム等を所管するシステム部門や、専門人材の確保・維持を担う人事部門も含まれます。

これらの部門は、第1線に対し、独立した立場からリスクをふまえた監視を行うと同時に、第1線をサポートする役割を担います。前者の例としては、システムを用いた監視の実効性確認（シナリオの適切性等の定期的な検証等）が含まれます。サポートの方法としては、研修等を通じて第1線にマネロン・テロ資金供与対策に係る方針・手続・計画等をわかりやすく明確に説明して理解の徹底を図るとともに、現場等からの問合せや相談に対応し、指示を出します。

第1線が第2線の指示待ちにならず自発的な対応ができるようにするためには、第2線が指示をするだけでなく、その背景にある考え方をあわせて伝えることで、第1線の応用力、すなわちリスクベースの現場力を養うことが必要です。

また、全社的な疑わしい取引の届出状況や、管理部門に寄せられる質問内容・気づき等を営業部門にフィードバックするほか、営業部門内においてもこうした情報を各職員に的確に周知するなど、営業部門におけるリスク認識を高めることも第2線の重要な役割です。

さらに、第2線を構成する各部門が、それぞれの部門の責務について認識を共有したうえで、密接な情報共有・連携を図り、協働する態勢を整備することが重要です（☞Q2.14）。

規模の大きい金融機関では、第2線を構成する各部門が細分化されて縦割りになりがちですので、主管部門と他の部門が連携することで情報共有と連絡を密にすることが重要です。マネロン対応の事案でも拡散金融を含む制裁への対応でも、実際の法令違反（未遂を含む）では、第2線内また

118

は第1線と第2線の間でのポテンヒット（対応の必要性や法令違反等を認識しながら自らの部門以外のどこかが対応するだろうという思い込みや押し付け合い）が主な要因となっています。これを回避するためには、経営陣が、第1線や第2線内で情報伝達や意思疎通の目詰まりが起きていないかを随時確認することが重要となります（☞Q3.2）。

⑶　第3の防衛線

　第3の防衛線（第3線）は、内部監査部門です。内部監査部門の主たる役割は、独立した立場から、全社的なマネロン・テロ資金供与対策等の方針や手続等を検証するとともに、第1線と第2線の取組みを定期的に検証することです。また第3線は、内部監査の結果を経営陣に報告し、改善措置の実施状況をフォローアップするところまで求められます。

　実効性のある内部監査を実施するためには、第1線および第2線との間でマネロン・テロ資金供与対策等について、対等の立場で協議・検証のできる知識と実務経験を有する人材の育成や配置が必要です（☞Q3.8）。

Q3.5 当行は海外支店を有するほか、証券子会社や他県の地銀等と金融グループを形成しています。マネロン・テロ資金供与対策等は当行だけで完結させてよいものですか。

　銀行を中心とする支配従属関係の企業体が金融グループを構成する場合は、当該グループが1つの企業体として、一貫したマネロン・テロ資金供与対策等に係る方針・手続・計画の策定および具体的な手続と情報を共有するグループベースでの整合的な管理態勢を敷くことが求められます。

　グループを構成する企業のうち、特定事業者や外国為替取引等取扱業者でない場合は、犯罪収益移転防止法や外為法の直接の名宛人ではありませんが、グループ全体のリスク管理と法令遵守という観点から、こうした傘下企業がマネロン・テロ資金供与等の抜け穴になったり、悪用されたりしないよう、本社がグリップを利かせることが重要となります。

第Ⅲ部　管理態勢とその有効性の検証・見直し　119

海外拠点等を有する金融機関等グループの場合、現地の法規制等において求められるマネロン・テロ資金供与対策等が日本と異なることに留意が必要です。実際に、米国当局による制裁違反の処分事案では、米国に所在する外国企業の子会社が犯した制裁違反に関し、第三国に所在する本社にも制裁金を科した例があります。このため、マネロン・テロ資金供与対策等に係る本社の基本方針が海外拠点にも貫かれているうえで、各海外拠点等に適用される現地の法規制等を把握し、その規制の強さや拠点のリスクに見合う資源配分を行うことが必要となります。

Q3.6 マネロン・テロ資金供与対策等を全社的に整備・強化するためには、どのような人材を確保し、育成していけばよいですか。

　マネロン・テロ資金供与対策等を有効に機能させるためには、規定類や管理態勢の整備はもちろんですが、それに携わる職員のリスクに対する認識と法令等に対する理解が何よりも重要です。

　第1線においては、規程および手順書の習熟はもちろんですが、その根底にある法令等の考え方を理解することで、リスクベースの現場力が養われます。

　第2線を担う部署には、特に専門的な知識と経験を有する職員を配置することが求められます。

　外為法遵守ガイドラインは、管理部門および内部監査部門等に、経済制裁措置に関する適切な知識および専門性を有する職員を配置することを求めています。実際の外為法違反の事案（未遂を含む）では、第1線の制裁措置に関する理解不足や第1線と第2線（または第2線の部門間）の意思疎通の離齬が原因となっていることも散見されることから、第2線に限らず、すべての部署で外為法令と外為法遵守ガイドラインの理解度を高めることが求められます。

　第3線においては、当局の最新の要請等をふまえた監査計画を策定し、

120

かつ第1線および第2線と対等の立場で監査ができるだけの知識と経験を積み重ねた職員が求められます（☞ Q3.8）。

　職員への研修は、広く知識を伝達する手段として有効ですが、得てして実施（受講）回数がノルマとなりがちです。理解度テストなどで効果測定を実施したうえで、職員の理解度が低かった場合には、研修の説明資料を改訂するなど、研修資料の内容を向上させる取組みが必要です。統括責任者が陣頭に立って、基礎的なものから職階や専門性に応じた応用・実践的なものまで、バリエーションをもたせることが有効です。また、専門資格の取得を人事考課に加味することは職員のモチベーション向上にもつながります。

　外部専門家や当局担当者を講師に招く方法は高い付加価値が期待できますが、とかく役席者だけが受講するケースが多いようです。第1線の職員にもこうした機会を提供し、いま、マネロン・テロ資金供与対策等で何が起きているか、また今後の規制動向などの情報に触れさせて、マネロン・テロ資金供与対策等への当事者意識（オーナーシップ）を高めることが組織全体の底上げにつながります。

Q3.7　今後のマネロン・テロ資金供与対策等では有効性が重要な柱になると思います。規程類は整備しましたが、有効性対策として、どのように対応すればよいですか。

　リスクベース・アプローチを構成する要素（取引時確認、取引モニタリング・フィルタリング、記録の保存、疑わしい取引の届出、継続的顧客管理、外為法に基づく確認義務の履行など）は、互いに結びついて連動しており、どれ一つとっても単体で存在するものではありません。マネロン・テロ資金供与対策等の有効性とは、これらの要素が有機的に結びついて、相互に連携・連動しあってリスクに対する低減措置が適切に作用している状況を意味します。

第Ⅲ部　管理態勢とその有効性の検証・見直し　121

金融庁ガイドラインでは、有効性検証の対象として、リスク管理態勢、リスク低減措置、異常な取引等の検知基準、取引モニタリングの敷居値やシナリオの抽出基準、ITシステム、情報更新の頻度に言及しています。

有効性の検証は、規程に定めた各部門が行いますが、各部門の取組みが縦割りになったり、または自ら部門の取組に対する検証は甘くなりがちです。経営陣が客観的な立場から検証し、各々が所期のパフォーマンスを発揮して組織全体でのリスクの抑止に結びついていることを確認することが重要です。

Q3.8 マネロン・テロ資金供与対策等に係る監査はどのように行えばよいですか。

今後、リスクベース・アプローチの有効性を検証していく段階を迎えますので、監査の役割はこれまで以上に重要になります。また、監査は、マネロン・テロ資金供与対策等の方針・手続・計画等を策定するPDCAサイクルを回すうえで重要な位置を占めます（☞Q3.1、図表3－1）。

監査を実効性のあるものとするためには、監査計画がその成否の鍵となります。

金融庁が2019年6月に公表した「金融機関の内部監査の高度化に向けた現状と課題」では、内部監査に関し、事務不備監査、リスクベース監査および経営監査に分類しています。マネロン・テロ資金供与対策等に特化した監査を実施している金融機関では、まだ事務不備監査とリスクベース監査が混在している例も散見されます。何を目的に監査を行うかという着地点を先に定めることで、何をどうみるべきかがおのずと定まってくると考えられます。監査結果は経営陣に報告しますので、監査計画策定の段階から、経営陣との認識のすり合わせを行うことも重要です。

(1) 内部監査

金融庁ガイドラインおよび外為法遵守ガイドラインは、第3線が監査計

画を策定して、第1線および第2線から独立した立場で監査を行うことを求めています。

内部監査の最大の特徴は、第3線が第1線および第2線の取組みを理解・尊重しつつ、リスクベース・アプローチに照らして、当該取組みの有効性や効率性を検証することにあります。第3線と第1線、第2線が対決姿勢で行う監査は双方にとっても組織全体にとっても無益ですが、逆に第3線が第1線、第2線の取組みを無批判に追認するだけで検証しないのでは、監査の意味がありません。

監査で指摘した不備事項については、期限を設けてフォローアップを行うとともに、その進捗や結果を経営陣と共有し、組織の課題と位置づけることが重要です。

自社にとってリスクの高い業務や部門等に焦点を当てる「テーマ別監査」は有効ですが、一過性とならないことが重要です。次のテーマに移る前に、指摘した不備事項の改善に関するフォローアップを着実に行い、また当該テーマ選定の妥当性や効果も検証することで、次の監査がより実りあるものになります。ここでも、経営陣が客観的かつ全体を俯瞰する見地から、第3線等に対して的確な助言を行うことが求められます。

マネロン・テロ資金供与対策等に関しては、今日、法令や当局のガイドライン等によって対応すべきことが細かく求められていますので、監査計画も、基本的にこれらに準拠したものであることが求められます。したがって、第3線においては、マネロン・テロ資金供与対策等に関する専門知見だけでなく、当局が第1線、第2線に対してどのような対応を求めているかを理解し、かつ第1線、第2線と意思疎通できる人材が求められます。

(2) 外部監査

高度な専門知見や他行への監査の実績を有するコンサルタント会社などに監査を委託することは、より客観的な有効性検証を行う見地から有効ですが、いくつか留意すべき点があります。

第Ⅲ部　管理態勢とその有効性の検証・見直し　123

第一に、委託する外部専門家が自社の業態や業務内容、それに伴うリスクの大きさや性質、そして、現在当局から要請されていることを正しく理解していることが重要です。業態の異なる他の金融機関の監査で用いられた、あるいは自社の身の丈に合わない受け売りの監査計画を押し付けられないようにすることです。

　第二に、外部専門家に丸投げするのではなく、第3線も監査計画の策定段階から積極的に参画することです。これは第3線の職員の育成の観点からも非常に重要です。

　第三に、第3線が自ら納得し、自社の課題として経営陣に説明できる監査結果となるように外部専門家との認識合わせを丁寧に行うことです。フォローアップの管理は第3線が主体的に行うことになりますので、その第3線が納得し、自らの言葉で第1線、第2線に説明できる監査結果とすることが重要です。

管理態勢を理解するためのキーワード

PDCA
plan-do-check-action

　Plan-Do-Check-Actionの略であり、マネロン・テロ資金供与対策においては、方針・手続・計画等の策定（Plan）・実施（Do）・検証（Check）・見直し（Action）のことを指している。

　金融庁ガイドラインにおいては、マネロン・テロ資金供与対策の実効性の確保のためには、自らの方針・手続・計画等を策定したうえで、経営陣による主導的な関与のもと、これを全社的に徹底し、有効なマネロン・テロ資金供与リスク管理態勢を構築することが求められている。また、この方針・手続・計画等に基づくマネロン・テロ資金供与対策の実効性は、定期的に検証され、この検証をふまえて、必要に応じ管理態勢の見直しを含めたマネロン・テロ資金供与対策の改善を不断に図っていくことが求められている。

◆金融庁ガイドラインⅢ－1

経営陣の関与・理解
involvement and understanding of management

　マネロン・テロ資金供与リスク管理態勢の構築にあたり、経営陣には、当該リスクが経営上重大なリスクになりうるとの理解のもと、関連部門等に対応を委ねるのではなく、自ら主導的にマネロン・テロ資金供与対策に関与することが求められる。具体的な例として、金融庁ガイドラインにおいては、フォワード・ルッキングなギャップ分析の実施、関連部門が複数にまたがる

組織横断的な対応、専門性や経験をふまえた経営レベルでの戦略的な人材確保・教育・資源配分等が必要となることや、マネロン・テロ資金供与対策に関する取組みを全役職員に浸透させるために、業績評価においてマネロン・テロ資金供与対策を勘案するなど、経営陣の積極的な姿勢やメッセージを示すこと、経営陣がマネロン・テロ資金供与リスクを適切に理解したうえでマネロン・テロ資金供与対策に関する意識を高め、トップダウンによって組織横断的に対応の高度化を推進していくことなどをあげている。

◆金融庁ガイドラインⅢ−2

３つの防衛線

three lines of defense

リスクとコントロールの有効な管理のためには、３つの別々の部門（またはディフェンスライン）が必要だという考え方を指す。マネロン・テロ資金供与対策においては、有効なマネロン・テロ資金供与リスク管理態勢を構築するために、営業・管理・監査の各部門等が担う役割・責任を、経営陣の責任のもとで明確にして、組織的に対応を進めることを意味する。

◆金融庁ガイドラインⅢ−3

第１の防衛線（第１線）

first line of defense

顧客と直接対面する活動を行っている営業店や営業部門を指しており、マネロン・テロ資金供与リスクに最初に直面し、これを防止する役割を担っていることから、「第１線」と呼ばれる。

第１線が実効的に機能するためには、そこに属するすべての職員が、自ら

がかかわりをもつマネロン・テロ資金供与リスクを正しく理解したうえで、日々の業務運営を行うことが求められる。金融機関等においては、マネロン・テロ資金供与対策に係る方針・手続・計画等を整備・周知し、研修等の機会を設けて徹底を図るなど、第1線が行う業務に応じて、その業務に係るマネロン・テロ資金供与リスクの理解の促進等に必要な措置を講ずることが求められる。なお、第1線の担当者が具体的なマネロン・テロ資金供与対策対応を適切に実施するためには、顧客の受入れに関する方針を策定しておくことも有用である。

このほか、顧客に対して自社の取組みをわかりやすく丁寧に説明し、協力を要請することも第1線の重要な役割である。

◆金融庁ガイドラインⅢ-3-(1)

第2の防衛線（第2線）

second line of defense

コンプライアンス部門やリスク管理部門等の管理部門を指しており、これらの部門は、第1線の自律的なリスク管理に対して、独立した立場から牽制を行うと同時に、第1線を支援する役割も担っている。マネロン・テロ資金供与対策における管理部門には、これを主管する部門のほか、取引モニタリングシステム等を所管するシステム部門や専門性を有する人材の確保・維持を担う人事部門も含まれる。第1線に対する牽制と支援という役割を果たすために、管理部門には、第1線の業務に係る知見と、同業務に潜在するマネロン・テロ資金供与リスクに対する理解を併せ持つことが求められる。

◆金融庁ガイドラインⅢ-3-(2)

第Ⅲ部　管理態勢とその有効性の検証・見直し　127

第3の防衛線（第3線）

third line of defense

　内部監査部門を指しており、内部監査部門には、第1線と第2線が適切に機能をしているか、さらなる高度化の余地はないかなどについて、これらと独立した立場から、定期的に検証していくことが求められる。また、内部監査部門は、独立した立場から、全社的なマネロン・テロ資金供与対策に係る方針・手続・計画等の有効性についても定期的に検証し、必要に応じて、方針・手続・計画等の見直し、対策の高度化の必要性等を提言・指摘することが求められる。

◆金融庁ガイドラインⅢ−3−(3)

グループベースの管理態勢

group-wide risk management

　金融機関等がグループを形成している場合に、グループ全体としてのマネロン・テロ資金供与対策に係る方針・手続・計画等を策定し、グループ全体に整合的なかたちで、必要に応じ傘下事業者等の業態等による違いもふまえながら、これを実施することを意味する。

　特に、海外拠点等を有する金融機関等グループにおいては、当該拠点等が属する国・地域とわが国における地理的・政治的その他の環境等が異なるため、実効的なマネロン・テロ資金供与対策を講ずるには、こうした違いをふまえつつ、グループとして一貫性のある態勢を整備することが必要となる。また、わが国と当該国・地域との間で、法規制等において求められるマネロン・テロ資金供与対策が異なることや、情報保護法制等の違いから対策に必要な情報共有等が困難となること等も考えられる。こうした違いやグローバルに展開する他の金融グループのプラクティス等をふまえながら、グループ

ベースでの整合的な管理態勢の構築や、傘下事業者等への監視等を実施していく必要がある。特に、海外業務が大きな割合を占める、あるいは経営戦略上重要な位置づけとなっている金融機関等グループにおいては、マネロン・テロ資金供与対策に対する目線が急速に厳しさを増していることに鑑みると、その必要性は高いものと考えられる。

一方、外国金融グループの在日拠点においては、グループ全体としてのマネロン・テロ資金供与対策管理態勢およびコルレス先を含むわが国金融機関等との取引状況について、当局等を含むステークホルダーに説明責任を果たしていくことが求められる。

金融庁ガイドラインでは、先進的な取組みとして本部がグループ共通の視点で海外拠点も含む全社的なリスクの特定・評価を行いつつ、実地調査等をふまえて各拠点に残存するリスクを実質的に判断し、グループベースの管理態勢の実効性強化に役立てている事例を紹介している。

また、金融庁ガイドラインではグループベースの情報共有について、グループ全体で一元化したシステムを採用し、海外拠点が日々の業務で知りえた顧客情報や取引情報を日次で更新するほか、当該更新情報を本部と各拠点で同時に共有・利用することにより、本部による海外拠点への監視の適時性を高めている事例が示されている。

◆金融庁ガイドラインⅢ－4

個人情報保護法

Act on the Protection of Personal Information

個人情報保護法（「個人情報の保護に関する法律（平成15年法律第57号）」）は個人情報の有用性に配慮しながら、個人の権利や利益を守ることを目的とした法律である。マネロン・テロ資金供与対策においては、グループベースの管理態勢の構築、具体的には国内のグループ会社間の顧客情報・取引情報の情

報共有態勢の整備にあたっては、個人情報保護法上どこまでの情報の共有が可能かが論点となる。

個人情報保護法第27条第1項では、個人データの第三者提供には、原則として本人の同意が必要と規定されているが、例外として「人の生命、身体又は財産の保護のために必要がある場合であって、本人の同意を得ることが困難であるとき」に該当する場合には、あらかじめ本人の同意を得ることなく個人データを第三者に提供することができるとされている。

上記例外的な場合に該当するか否かは、個別具体的な事例に即して総合的な利益衡量により判断されるECが、「個人情報の保護に関する法律についてのガイドライン（通則編）」3－1－5(2)では、これに該当しうる例示として、「暴力団等の反社会的勢力情報、振り込め詐欺に利用された口座に関する情報、意図的に業務妨害を行う者の情報」があげられている。犯罪収益移転防止法に基づく疑わしい取引の届出に係る顧客情報・取引情報がこれらの情報に該当する場合には、当該顧客情報・取引情報も上記例外的な場合に該当しうるが、例外の要件に該当するか否かは個別具体的な事情に照らして判断する必要がある。

◆金融庁ガイドラインⅢ－4
◆金融庁「FAQ」上記項目関連Q

職員の確保、育成等

human resource, development, etc.

専門性・適合性等を有する職員を必要な役割に応じ確保・育成しながら、適切かつ継続的な研修等（関係する資格取得を含む）を行うことにより、組織全体として、マネロン・テロ資金供与対策に係る理解を深め、専門性・適合性等を維持・向上させていくことを指している。

一般社団法人金融財政事情研究会では、銀行等預金取扱金融機関の本部担

当者および営業店の管理者、窓口担当者など「第1の防衛線」の知識・実務への対応力を検証する試験「AML/CFTスタンダードコース」を実施している。また、第2の防衛線（本部管理部門）を対象とした「AML/CFT（アンチマネロン）オフィサー」、第3の防衛線（内部監査部門）対象の「AML/CFT（アンチマネロン）オーディター」検定試験の合格者には、継続的な専門教育」(Continuing Professional Education：CPE) を柱とする認定制度（「AML/CFT専門家プログラム」）を実施している。

　一方、マネー・ローンダリング防止とテロ資金供与対策の分野で、世界でも認知度の高い、Association of Certified Anti-Money Laundering Specialist（公認AMLスペシャリスト協会）は、主として次の3つを認定資格とし、下2つは上級CAMS認定資格として位置づけられている。

1. Certified Anti-Money Laundering Specialist（CAMS）

2. The Advanced CAMS-Audit（CAMS-Audit）

3. The Advanced CAMS-Financial Crimes Investigations（CAMS-FCI）

　前記のうち、1. CAMSは、マネロン・テロ資金供与対策関連業務に必要な知識を全体的にカバーしており、2. CAMS-Auditと3. CAMS-FCIでは、それぞれ監査および金融犯罪調査に特化した専門スキルを認定している。

　なお、近時の経済制裁分野への関心の高まりを反映し、2020年に新たな認定資格として、Certified Global Sanctions Specialist（CGSS）が追加された。

◆金融庁ガイドラインⅢ－5
◆金融財政事情研究会ウェブサイト
◆ACAMSウェブサイト

金融庁によるモニタリング

monitoring by the FSA

金融庁は、ガイドラインをふまえた金融機関等におけるマネロン・テロ資

金供与対策の取組状況等について、立入検査や金融機関からの報告資料の分析、ヒアリングの実施により継続的に把握し、その結果得られた情報を金融機関等と共有しつつ、管理態勢の強化を促し、必要に応じて、監督上の措置を講ずることを検討している。

金融庁は2024年4月以降、「マネロン・テロ資金供与・拡散金融対策に関する行動計画（2024—2026年度）」を基に、他省庁や業界団体と連携しつつ、リスクベース・アプローチに基づく検査・モニタリングを実践していくとしている。具体的には、2024年3月末を期限としていたガイドラインに基づいた態勢整備の完了状況の確認や、マネロン等リスク管理態勢の高度化に向けて、リスク管理態勢の有効性評価・改善の一連の取組みに関する対話を行いつつ、有効性を評価する際に参考となる着眼点・目線について整理していくとしている。

　　　◆金融庁ガイドラインⅣ－1
　　　◆金融庁「マネー・ローンダリング等対策の取組と課題（2024年6月）」

資金決済法

Payment Services Act

「資金決済に関する法律（平成21年法律第59号）」は、近年の情報通信技術の発達や利用者ニーズの多様化等の資金決済システムをめぐる環境の変化に対応して、①前払式支払手段、②資金移動業、③暗号資産交換業、④資金清算業（銀行間の資金決済の強化・免許制）を規制する法律。銀行等以外の者で為替取引を業として営む「資金移動業者」と、暗号資産の交換等を業として行う「暗号資産交換業者」は、犯罪収益移転防止法において特定事業者として規定されており、犯罪収益移転防止法の取引時確認等さまざまな義務の履行が求められている。また、資金移動業務が海外送金を取り扱う場合には、外為法に基づく経済制裁措置に該当するか否かの確認義務を履行することが

求められる。

　なお、2022年6月には、G20財務大臣・中央銀行総裁会議、金融安定理事会（FSB）、FATF等におけるいわゆるグローバル・ステーブルコインへの対応に関する議論や、諸外国における規制の検討の動き等をふまえ、電子決済手段等取引業者および為替取引分析業者への登録制等の業規制の導入、犯罪収益移転防止法の改正により電子決済手段等取引業者等を特定事業者に追加するなどを内容とする「安定的かつ効率的な資金決済制度の構築を図るための資金決済に関する法律等の一部を改正する法律（改正資金決済法）」が成立した（2023年6月施行）。

　　◆日本資金決済業協会ウェブサイト
　　◆FATF勧告14（資金移動業）
　　◆警察庁JAFIC「犯罪収益移転防止に関する年次報告書（令和5年）」
　　◆金融庁「令和4年資金決済法等改正に係る政令・内閣府令案等の公表について」

為替取引分析業

funds transfer transaction analysis services

　為替取引分析業は、2022年6月に成立した改正資金決済法により新たに創設され、2023年6月に為替取引分析業に関する制度が開始された。その内容は、複数の金融機関等から委託を受けて、為替取引に関し、取引フィルタリング業務または取引モニタリング業務を行うことをいう。為替取引分析業者に対しては改正資金決済法に基づく許可制が導入された。

　為替取引分析業者には、取引フィルタリングや取引モニタリング等の実効性を継続的に向上させることにより、金融機関等におけるAML/CFTの実効性の向上に資する役割が求められている（☞マネー・ローンダリング対策共同機構）。

　取引フィルタリングとは、次の①から③までの業務をいい、取引モニタリ

第Ⅲ部　管理態勢とその有効性の検証・見直し　133

ングとは、次の④の業務をいう。

① 資金決済に関する法律（以下「法」）第2条第18項第1号または第2号に
掲げる行為のいずれかに係る業務

② 為替取引分析業者に関する命令（以下「命令」）第8条第2号もしくは第
3号に掲げる業務または為替取引分析業者に関する内閣府令（以下「府
令」）第8条第2号もしくは第3号に掲げる業務

③ ①または②に相当するものを行う業務（命令第8条第4号、第5号もしく
は第6号または府令第8条第4号、第5号もしくは第6号）

④ 法第2条第18項第3号に掲げる行為に係る業務またはこれに相当するも
のを行う業務（命令第8条第4号もしくは第5号または府令第8条第4号もし
くは第5号）

◆金融庁「為替取引分析業者向けの総合的な監督指針」
◆財務省「為替取引分析業について」

テロ資金提供処罰法

Act on Punishment of Financing of Offences of Public Intimidation

テロ資金提供処罰法（「公衆等脅迫目的の犯罪行為のための資金等の提供等の
処罰に関する法律（平成14年法律第67号）」）が2002年に施行された。これは、
「テロ資金供与防止条約」を締結するための立法措置として、公衆または
国・地方公共団体、外国政府等を脅迫する目的で犯罪行為を行うための資金
等を提供させる行為または提供する行為を処罰するものである。

なお、2008年のFATF第3次対日相互審査においては、テロリスト等への
資金だけでなく土地、建物、物品、役務その他の利益を提供する行為の犯罪
化まで必要とされたことから、それらの措置を講じた同法の改正が2014年に
なされ、同年12月に施行されている。

さらに、2022年12月には、FATF第4次対日相互審査の結果をふまえ、

「国際的な不正資金等の移動等に対処するための国際連合安全保障理事会決議第1267号等を踏まえ我が国が実施する国際テロリストの財産の凍結等に関する特別措置法等の一部を改正する法律」（FATF勧告対応法）が成立し、テロ資金提供処罰法についても各処罰規定の構成要件の拡充および法定刑の引上げ等を内容とする改正がなされ、同年12月に施行されている。

◆警察庁JAFIC「犯罪収益移転防止に関する年次報告書」
◆FATF勧告6（テロ等に対する金融制裁）

振り込め詐欺救済法

Act on Damage Recovery Benefit Distributed from Fund in Bank Accounts Used for Crimes

　振り込め詐欺救済法（「犯罪利用預金口座等に係る資金による被害回復分配金の支払等に関する法律（平成19年法律第133号）」）は預金口座等への振込みを利用して行われた詐欺等の犯罪行為により被害を受けた者に対する被害回復分配金の支払のため、預金等に係る債権の消滅手続および被害回復分配金の支払手続等を定め、当該犯罪行為により被害を受けた者の財産的被害の回復に資することを目的とした法律である。

　一般的に対象となる犯罪行為としては、オレオレ詐欺、架空請求詐欺、融資保証金詐欺、還付金等詐欺のほか、ヤミ金融や未公開株式購入に係る詐欺等が該当する。

　被害にあった人は、振り込め詐欺救済法で定められた手続を経て、失権した振込口座の残高を上限として、被害回復分配金の支払を受ける方法により、被害回復を受けることができる。

◆金融庁「振り込め詐欺等の被害にあわれた方へ」

第Ⅲ部　管理態勢とその有効性の検証・見直し　135

犯罪利用預金口座等

bank accounts used for crimes

犯罪利用預金口座は上記「振り込め詐欺救済法」の対象となる口座等のことであり、具体的には以下の預金口座または貯金口座をいい、暗号資産交換業者や資金移動業者の口座は対象とならない。

①　振込利用犯罪行為において、前項に規定する振込みの振込先となった預金口座等

②　もっぱら上記①に掲げる預金口座等に係る資金を移転する目的で利用された預金口座等であって、当該預金口座等に係る資金が①の振込みに係る資金と実質的に同じであると認められるもの

（☞振り込め詐欺救済法）

国民を詐欺から守るための総合対策

Comprehensive Measures to Protect People from Frauds

近年、SNSやキャッシュレス決済の普及等が進むなか、科学技術を悪用した詐欺等の手口が急激に巧妙化・多様化し、それによって引き起こされる被害が加速度的に拡大していることから、2024年6月25日に開催された犯罪対策閣僚会議において、「国民を詐欺から守るための総合対策」が決定された。

本総合対策は、「オレオレ詐欺等対策プラン」（2019年6月25日犯罪対策閣僚会議決定）および「SNSで実行犯を募集する手口による強盗や特殊詐欺事案に関する緊急対策プラン」（2023年3月17日犯罪対策閣僚会議決定）を発展的に解消させ、特殊詐欺、SNS型投資・ロマンス詐欺およびフィッシング等を対象に総合的な対策を取りまとめ、政府をあげて対策を推進することを目的としている（☞Q1.9、Q2.15）。

◆首相官邸犯罪対策閣僚会議ウェブサイト

◆警察庁ウェブサイト

デジタル社会の実現に向けた重点計画

Priority Policy Program for Realizing Digital Society

　デジタル社会の実現に向けた重点計画は2024年6月に閣議決定され、デジタル社会の実現に向けて、政府が迅速かつ重点的に実施すべき施策を明記したものである。

　本計画では犯罪収益移転防止法、携帯電話不正利用防止法に基づく本人確認手法を、マイナンバーカードの公的個人認証（Japanese Public Key Infrastructure：JPKI）に原則として一本化し、運転免許証等を送信する方法や、顔写真のない本人確認書類等は廃止するとの政府方針や、対面でも公的個人認証による本人確認を進めるなどし、本人確認書類のコピーはとらないこととする等の方針が示されている（☞公的個人認証サービス）。

◆デジタル庁ウェブサイト

暴力団対策法

Anti-Boryokudan Act（Act on Prevention of Unjust Acts by Organized Crime Group Members）

　暴力団対策法（「暴力団員による不当な行為の防止等に関する法律（平成3年法律第77号）」）は暴力団員の反社会的行為による被害から国民を守るために制定されたものである。暴力団の定義は「その団体の構成員（その団体の構成団体の構成員を含む）が集団的に、または常習的に暴力的不法行為等を行うことを助長するおそれがある団体をいう」（第2条第2号）とされ、各都道府県の公安委員会が指定した暴力的不法行為を助長するおそれの大きい暴力

第Ⅲ部　管理態勢とその有効性の検証・見直し　137

団のみをその規制の対象としている（2024年6月現在、本法により指定された「指定暴力団」は25団体）。

◆警察庁「令和6年警察白書」

暴排（反社排除）条項

exclusion of anti-social forces

暴排（反社排除）条項（「反社会的勢力の排除に関する条項」）は企業が反社会的勢力による被害を防止するための基本的な理念や具体的な対応について取りまとめた「企業が反社会的勢力による被害を防止するための指針（2007年6月19日犯罪対策閣僚会議幹事会申合せ）」において明記された基本原則に基づく対応の1つである。

具体的には、「反社会的勢力が取引先や株主となって、不当要求を行う場合の被害を防止するため、契約書や取引約款に暴力団排除条項を導入することが望ましい」とされており、多くの企業が、企業指針に定められている反社会的勢力による被害を防止するための基本原則の履行に取り組んでいる。

また、2011年10月までにすべての都道府県において暴力団排除条例が施行されており、暴力団員等でなくなった日から5年経過しない者も反社会的勢力として取り扱う、いわゆる「元暴5年条項」が多くの企業において運用されている。

◆法務省「企業が反社会的勢力による被害を防止するための指針について」
◆警察庁「令和5年における組織犯罪の情勢」

反社会的勢力

anti social forces

「反社会的勢力」とは、2014年8月18日に出された「組織犯罪対策要綱」（警察庁次長通達）において、①暴力団、②暴力団員、③暴力団準構成員、④暴力団関係企業、⑤総会屋等、⑥社会運動等標ぼうゴロ、⑦特殊知能暴力集団等、とされ、暴力団対策法の対象よりも広く定義されている。

なお、事業者に対する反社会的勢力の排除を求める根拠規範は、「企業が反社会的勢力による被害を防止するための指針（2007年）」、各都道府県の「暴力団排除条例」があり、金融機関に対しては金融庁の監督指針がある。金融庁の監督指針では、2014年に反社会的勢力との関係遮断に向けた取組みを推進するために、①反社会的勢力との取引の未然防止（入口）、②事後チェックと内部管理（中間管理）、③反社会的勢力との取引解消（出口）に係る態勢について、金融機関に整備を求めている。

他方、米国においては、2011年に国際組織犯罪に対する制裁措置として、財務省外国資産管理局（OFAC）により、日本のヤクザを含む4カ国の国際組織犯罪集団が資産凍結等の措置の対象に指定されている（2024年8月現在では、日本の暴力団のうち10団体および9個人が指定されている）。

◆警察庁JAFIC「犯罪収益移転防止に関する年次報告書」
◆金融庁「主要行等向けの総合的な監督指針」Ⅲ－3－1－4
◆米国財務省（OFAC Sanctions Lists/SDN List）

共 生 者

－

共生者とは暴力団に利益を供与することにより、暴力団の威力、情報力、資金力等を利用し自らの利益拡大を図る者をいう。

第Ⅲ部　管理態勢とその有効性の検証・見直し　139

暴力団は、共生者と結託するなどして、その実態を隠蔽しながら、一般の経済取引を装った違法な貸金業や労働者派遣事業等の資金獲得犯罪を行っており、警察では、暴力団や共生者等に対する取締りを推進している。

◆警察庁「平成19年版警察白書」

預金取扱金融機関

deposit-taking institutions

マネロン・テロ資金供与対策の文脈において預金取扱金融機関とは、犯罪収益移転防止法第2条第2項第1号～第16号および第37号に掲げられた者（銀行、信用金庫等）をいう。

その主な業務としては、固有業務である預金等の受入れ、資金の貸付、手形の割引および為替取引（内国為替・外国為替）のほか、これに付随する業務として、たとえば、資産運用に係る相談、保険商品の販売、クレジットカード業務、事業承継に係る提案、海外展開支援、ビジネスマッチング等があり、取引相手となる顧客も個人から大企業に至るまでさまざまである。

預金取扱金融機関は、安全かつ確実な資金管理が可能な口座をはじめ、時間・場所を問わず、容易に資金の準備または保管ができる預金取引、迅速かつ確実に遠隔地間や多数の者との間で資金を移動することができる為替取引、秘匿性を維持したうえで資産の安全な保管を可能とする貸金庫、換金性および運搬容易性に優れた手形・小切手等、さまざまな商品・サービスを提供している。

一方で、これらの商品・サービスは、その特性から、マネー・ローンダリング等の有効な手段となりうるものであり、これらの悪用により、犯罪による収益の収受または隠匿がなされた事例があること等から、預金取扱金融機関が取り扱うこれらの商品・サービスは、マネー・ローンダリング等に悪用される危険性があると指摘されている。

140

◆国家公安委員会「犯罪収益移転危険度調査書」（2023年12月）第5　1 −(1)

貸金庫

safe-deposit box

　貸金庫とは、保管場所の賃貸借であり、何人でも貸金庫業を営むことは可能だが、銀行等の預金取扱金融機関が店舗内の保管場所を有償で貸与するサービスが一般に知られている。

　預金取扱金融機関は、貸金庫に保管される物件そのものの確認はしないため、保管物の秘匿性は非常に高く、著作権法違反、ヤミ金融事犯等の犯罪による収益を銀行の貸金庫に保管していた例があり、貸金庫は犯罪による収益を物理的に隠匿する有効な手段となりうる。金融庁が公表している「疑わしい取引の参考事例（預金取扱金融機関）」においても貸金庫に着目した事例が紹介されている。

　なお、犯罪収益移転防止法では、預金取扱金融機関に対して、顧客等と貸金庫の貸与を行うことを内容とする契約を締結するに際しての取引時確認の義務および確認記録・取引記録等の作成・保存義務を課している。

　　◆国家公安委員会「犯罪収益移転危険度調査書」（2023年12月）第5　1 −(1)
　　◆金融庁「疑わしい取引の参考事例」

カントリーリスク

country risk

　マネロン・テロ資金供与対策の文脈において、カントリーリスクとは国・地域ごとのマネロンリスクのことを指す。

　犯罪収益移転危険度調査書やFATFのグレーリスト先、国際的なNGOが

第Ⅲ部　管理態勢とその有効性の検証・見直し　141

公表している汚職指数、Basel AML指数などにより、カントリーリスクに関する情報を得ることが可能であり、特定事業者においてはこれらの情報を活用しつつ国・地域ごとのリスクを評価する必要がある。

◆国家公安委員会「犯罪収益移転危険度調査書」（2023年12月）第4　2
◆Wolfsberg Group Country Risk FAQs（2024）
◆FATFウェブサイト（"Black and grey" lists）

保険会社等

insurance companies, etc.

　マネロン・テロ資金供与対策の文脈において保険会社等とは、犯罪収益移転防止法第2条第2項第17号に掲げられた者（保険会社）、第18号に掲げられた者（外国保険会社等）、第19号に掲げられた者（少額短期保険業者）および第20号に掲げられた者（共済水産業協同組合連合会）をいう。

　その主な業務は、人の生死に関し一定額の保険金を支払うことを約し、または一定の偶然の事故によって生ずることのある損害をてん補することを約する保険の引受けである。もっとも、一口に保険商品といっても、その内容は多様であり、保険会社等は蓄財性を有する商品も提供している。蓄財性を有する商品は、将来の偶発的な事故に対する給付のみを対象とする商品と異なり、より確実な要件に係る給付、たとえば満期に係る給付を伴うもの等がある。このような商品は、契約満了前に中途解約を行った場合にも高い解約返戻金が支払われる場合が多い。

　資金の給付・払戻しが行われる蓄財性の高い保険商品は、犯罪による収益を即時または繰延の資産とすることを可能とすることから、マネー・ローンダリング等の有効な手段となりうるものであり、実際、売春防止法違反に係る違法な収益を蓄財性の高い保険商品に充当していた事例があること等から、蓄財性の高い保険商品は、マネー・ローンダリング等に悪用される危険

性があると指摘されている。

◆国家公安委員会「犯罪収益移転危険度調査書」（2023年12月）第5　1－(2)

金融商品取引業者／商品先物取引業者等

financial instruments business operators, commodity derivatives business operators, etc.

　マネロン・テロ資金供与対策の文脈において金融商品取引業者／商品先物取引業者等とは、犯罪収益移転防止法第2条第2項第21号に掲げられた者（金融商品取引業者）、第22号に掲げられた者（証券金融会社）、第23号に掲げられた者（特例業務届出者）および第33号に掲げられた者（商品先物取引業者）をいう。

　その主な業務は、株式や債券、投資信託等の金融商品に係る取引、または鉱物や農産物等に係る商品先物取引の取扱い等である。

　金融商品取引業者／商品先物取引業者等を通じて行われる投資の対象となる商品としては、さまざまなものが存在し、これらを通じて、犯罪による収益をさまざまな権利や商品に変換することができる。また、当該投資の対象となる商品のなかには、複雑なスキームを有し、投資に係る原資の追跡を著しく困難とするものも存在することから、金融商品取引業者／商品先物取引業者等を通じて行われる投資は、マネー・ローンダリング等の有効な手段となりうる。実際、詐欺や業務上横領によって得た犯罪による収益を株式や商品先物取引に投資していた事例があること等から、金融商品取引業者／商品先物取引業者等を通じて行われる投資は、犯罪による収益の移転に悪用される危険性があると指摘されている。

◆国家公安委員会「犯罪収益移転危険度調査書」（2023年12月）第5　1－(3)

第Ⅲ部　管理態勢とその有効性の検証・見直し　143

信託会社等

trust companies, etc.

　マネロン・テロ資金供与対策の文脈において信託会社等とは、犯罪収益移転防止法第2条第2項第25号に掲げられた者（信託会社）、第26号に掲げられた者（自己信託会社）および信託兼営金融機関をいう。

　その主な業務は、信託業務として、金銭、有価証券、金銭債権、動産、不動産等の信託の引受けに係る業務が、信託併営業務として、不動産関連業務（売買仲介、鑑定等）、証券代行業務（株主名簿管理等）、相続関連業務（遺言執行、遺産整理等）等がある。

　信託は、委託者から受託者に財産権を移転させ、当該財産に登記等の制度がある場合にはその名義人も変更させるとともに、財産の属性および数ならびに財産権の性状を転換する機能を有している。さらに、信託の効力は、当事者間で信託契約を締結したり、自己信託をしたりするのみで発生させることができるため、マネー・ローンダリング等を企図する者は、信託を利用すれば、当該収益を自己から分離し、当該収益とのかかわりを隠匿することができる。このような特性から、信託は、マネー・ローンダリング等に悪用される危険性があると指摘されている。

　　◆国家公安委員会「犯罪収益移転危険度調査書」（2020年12月）第5　　1－⑷

貸金業者等

money lenders, etc.

　マネロン・テロ資金供与対策の文脈において貸金業者等とは、犯罪収益移転防止法第2条第2項第29号に掲げられた者（貸金業者）および第29号に掲げられた者（短資業者）をいう。

　貸金業を営むためには、貸金業法に基づき都道府県知事（2以上の都道府

県に営業所または事務所を設置して営業しようとする場合には、内閣総理大臣）の登録を受ける必要がある。

その主な業務は、金銭の貸付または金銭の貸借の媒介であり、消費者や事業者の多様な資金需要に対して、利便性の高い融資商品の提供や迅速な審査等をもって対応することにより、その円滑な資金調達に寄与している。また、預金取扱金融機関等との提携を含めた自動契約受付機・現金自動設備（現金自動支払機および現金自動受払機）の普及やインターネットを通じた取引の拡大は、商品利用の利便性を高めている。

貸金業者等による貸付は、犯罪による収益の追跡を困難にすることができること等から、マネー・ローンダリング等に悪用される危険性があると指摘されている。また、架空名義での融資詐欺を行い、その詐取金をあらかじめ開設していた架空名義口座に入金させる事例も認められ、犯罪収益を生み出すために悪用される危険性も指摘されている。

◆国家公安委員会「犯罪収益移転危険度調査書」（2023年12月）第5　1－(5)

資金移動業者

funds transfer service providers

マネロン・テロ資金供与対策の文脈において資金移動業者とは、犯罪収益移転防止法第2条第2項第31号に掲げられた者をいう。

資金移動業を営むためには、資金決済法に基づき、内閣総理大臣の登録を受ける必要がある。

その主な業務は、為替取引の取扱いであり、インターネット等の普及により、安価で便利な送金サービスを提供している。

資金移動サービスは、為替取引を業として行うという業務の特性、海外の多数の国へ送金が可能なサービスを提供する資金移動業者の存在等をふまえれば、マネー・ローンダリング等の有効な手段となりうる。実際、前提犯罪

第Ⅲ部　管理態勢とその有効性の検証・見直し　145

と無関係の第三者を利用したり、他人の身分証明書を利用して同人になりすますなどして海外に犯罪による収益を移転していた事例があること等から、資金移動サービスは、マネー・ローンダリング等に悪用される危険性があると指摘されている。

◆国家公安委員会「犯罪収益移転危険度調査書」（2023年12月）第5　1-(6)

マネーミュール

money mule

　マネーミュールとはメールや求人サイト等を通じて募集した者に犯罪収益を送金させるなど、第三者を犯罪収益の運び屋として利用するマネー・ローンダリング手法の1つである。

　報酬を得て外国送金を行うことの依頼を受けた者が、当該送金が正当な理由のあるものでないことを認識しながら、資金移動サービスを利用して送金を行った事例が確認されており、外務省海外安全ホームページでも犯罪行為に巻き込まれないよう注意を呼び掛けている。

◆国家公安委員会「犯罪収益移転危険度調査書（2023年12月）第5　1-(6)
◆外務省海外安全ホームページ

高額電子移転可能型前払式支払手段の発行者

issuer of high-value electronically transferable prepaid payment instruments

　高額電子移転可能型前払式支払手段とは、電子情報処理組織を用いて高額のチャージや価値移転等を行うことができる、プリペイドカードや電子マネーなど第三者型前払式支払手段等をいう。高額電子移転可能型前払式支払手段を発行しようとするときは、2023年改正資金決済法により、業務実施計

画の届出が求められ、また、上記の性質からマネロン上のリスクが特に高いことから、改正犯罪収益移転防止法により、当該支払手段の発行業者は、特定事業者に追加された（同法第2条第2項第30号の2）。

◆金融審議会資金決済ワーキンググループ説明資料

電子決済手段等取引業者

electronic payment instruments services

　電子決済手段等取引業は、2022年6月に成立した改正資金決済法により新たに創設され、分散台帳技術等を活用した金融イノベーションに向けた取組み等を促進するために2023年6月に開始された制度。電子決済手段等取引業とは、法定通貨の価値と連動するいわゆるステーブルコインの売買・交換、管理、媒介等を業として行うことをいう。電子決済手段等取引業者に対しては改正資金決済法に基づく登録制が導入されるとともに、ステーブルコインは匿名性が高いという性質等からマネロンに悪用されやすいため、電子決済手段等取引業者は犯罪収益移転防止法の改正により新たに特定事業者に追加された（同法第2条第2項第31号の2）。

◆金融庁「令和4年資金決済法等改正に係る政令・内閣府令案等の公表について」

電子決済等取扱業者

electronic payment handling service provider

　電子決済等取扱業とは、銀行から委託を受けて、インターネットやスマートフォンアプリなどのデジタル技術を使って、銀行の預金者の同意を得たうえで、送金や支払の処理（預金者口座の残高を減らすこと）または為替取引で受け取った資金の預金者口座への入金の処理（預金残高を増やすこと）を行

第Ⅲ部　管理態勢とその有効性の検証・見直し　147

うことをいう。また、預金契約に基づく契約締結の媒介も行う。

電子決済等取扱業を営むには、銀行法に基づき内閣総理大臣への登録が必要であり、改正犯罪収益移転防止法により2023年6月1日から電子決済等取引業者は特定事業者に追加され（同法第2条第2項第31号の3）、取引時確認の実施や取引記録等の作成・保存を義務づけられている。

◆金融庁「主要行等向けの総合的な監督指針」

暗号資産交換業者

crypt asset exchange service providers

マネロン・テロ資金供与対策の文脈において暗号資産交換業者とは、犯罪収益移転防止法第2条第2項第32号に掲げられた者をいう。

暗号資産交換業を行うためには、資金決済法に基づく内閣総理大臣の登録を受ける必要がある。

その主な業務は、暗号資産の売買もしくは他の暗号資産との交換、またはその媒介、取次もしくは代理のほか、これらの行為に関して、利用者の金銭また暗号資産の管理をすることである。

暗号資産は、利用者の匿名性が高いという性質や、その移転が国際的な広がりをもち、迅速に行われるという性質を有するほか、暗号資産に対する規制が各国において異なることなどから、犯罪に悪用された場合には、当該犯罪による収益の追跡が困難となる。また、実際、その匿名性を悪用し、不正に取得した暗号資産を、暗号資産交換業者を介して換金し、架空名義の口座に振り込ませていた事例等があることもふまえれば、暗号資産は、マネー・ローンダリング等に悪用される危険性があると指摘されている。

金融庁は、2017年以降、暗号資産交換業者に対する指導・監督を強化してきており、金融庁ガイドラインに基づくマネー・ローンダリング等の管理体制の構築・維持を求めるとともに、法令の遵守状況やリスク管理状況等につ

いて、報告徴求命令等によって実態を把握し、その結果等をもとにして、事業者ごとのリスクに応じた指導・監督等を実施している。

なお、金融庁は、暗号資産交換業者等に対して

○複数回にわたる高額の暗号資産の売買にあたり、取引時確認および疑わしい取引の届出の要否の判断が行われていない

○取引時確認を十分に実施しないまま、暗号資産の交換サービスを提供している

○取引時確認を検証する体制を整備していないほか、職員向けの研修も行っていない

○指導したにもかかわらず、改善を要請した内容を十分に理解する者がいないため、是正が図られていない

等の理由により、業務停止命令や業務改善命令等の行政処分を行っている。

◆国家公安委員会「犯罪収益移転危険度調査書」（2023年12月）第5　1－(8)

両替業者

currency exchanging operators

　マネロン・テロ資金供与対策の文脈において両替業者とは、犯罪収益移転防止法第2条第2項第38号に掲げられた者をいう。

　現在、外貨両替業を営む者は、預金取扱金融機関とそれ以外のものに大別される。後者の例としては、旅館業、旅行業、古物商等があげられる。

　両替業者は、邦人が海外への旅行や出張等の際に必要となる外貨を調達したり、本邦滞在中の外国人が円貨を調達したりするために利用される。

　外貨両替は、犯罪による収益を外国に持ち出して使用する手段の一部になりうること、一般に現金（通貨）による取引で、流動性が高く、その保有や移転に保有者の情報が必ずしも伴わないこと等から、マネー・ローンダリング等の有効な手段となりうる。実際、海外で得た犯罪による収益である外貨

第Ⅲ部　管理態勢とその有効性の検証・見直し　149

を、事情を知らない第三者を利用するなどして日本円に両替していた事例があること等から、外貨両替は、マネー・ローンダリング等に悪用される危険性があると指摘されている。

両替業を営むことに対する法規制はないが、財務省は、その取引実態を把握する観点から月中取引の合計額が100万円相当額を超えた場合に財務大臣に報告させる義務を課している。

◆国家公安委員会「犯罪収益移転危険度調査書」（2023年12月）第5　1－(9)

ファイナンスリース事業者

financial leasing operators

マネロン・テロ資金供与対策の文脈においてファイナンスリース事業者とは、犯罪収益移転防止法第2条第2項第39号に掲げられた者をいう。

その主な業務は、機械設備、自動車等の物品を調達しようとする企業等に対し、その指定する物品を、ファイナンスリース事業者がかわって販売者（サプライヤー）から購入し、当該企業等に賃貸する形態のサービスである。リースを受ける顧客にとっては自身が希望する機械や設備を利用でき、その代金をリース料として支払うことができる。

ファイナンスリースは、賃借人と販売者が共謀して実態の伴わない取引を行うことが可能であること等の特性から、マネー・ローンダリング等に悪用される危険性があると指摘されている。

◆国家公安委員会「犯罪収益移転危険度調査書」（2023年12月）第5　1－(10)
◆警察庁JAFIC「犯罪収益移転防止法の概要」

クレジットカード事業者

credit card operators

　マネロン・テロ資金供与対策の文脈においてクレジットカード事業者とは、犯罪収益移転防止法第2条第2項第40号に掲げられた者をいう。割賦販売法（昭和36年法律第159号）により、クレジットカード事業者が利用者から商品代金等に相当する額を購入から2カ月を超えて受領し、またはリボルビング方式により受領する包括信用購入あっせんを業として行うためには、経済産業大臣の登録を受ける必要がある。その主な業務は、クレジットカードの発行および付与、商品代金の立替払い、および立て替えた代金の回収である。

　クレジットカードは、犯罪による収益を現金で取得した者がクレジットカードを利用して当該現金を別の形態の財産に変換できることから、犯罪による収益の追跡可能性を低下させるおそれがある。また、クレジットカード会員が、自己の保有するクレジットカードを第三者に交付し、またはそのクレジットカード番号等の情報を第三者に教えることにより、当該第三者に商品等を購入させることができるほか、国内外を問わず利用でき、一部には利用可能枠が高額なものもある。したがって、たとえば、第三者に換金性の高い商品等を購入させ、当該第三者が当該商品等を売却して現金を得ることにより、事実上の資金移動を、国内外を問わず行うことが可能となる。

　このように、クレジットカードは、これを利用することにより、現金で得られた犯罪による収益を別の形態の財産に換えることができること、クレジットカードを第三者に交付して商品等を購入させることにより事実上の資金移動が可能であること等から、マネー・ローンダリング等に悪用される危険があると指摘されている。

◆国家公安委員会「犯罪収益移転危険度調査書」（2023年12月）第5　1－(11)
◆警察庁JAFIC「犯罪収益移転防止法の概要」
◆経産省「クレジットカード事業者における疑わしい取引の参考事例」

第Ⅲ部　管理態勢とその有効性の検証・見直し　151

カジノ事業者

casino business operators

　カジノ事業者は、特定複合観光施設区域整備法（平成30年法律第80号）第9条第11項の認定（同法第11条第1項の規定による変更の認定を含む）を受けた設置運営事業者であって、同法第39条の免許を受けてカジノ事業を行うものをいう。FATF勧告において、カジノはマネー・ローンダリングおよびテロ資金供与に利用される危険性があり、顧客が一定の基準額以上の金融取引に従事する場合には顧客管理措置をとることなどが求められていることなどをふまえ、2021年7月、犯罪収益移転防止法の一部改正によりカジノ事業者を特定事業者に追加（第2条第2項第41号）することなどを含む特定複合観光施設区域整備法（以下「IR整備法」）が成立した（2021年7月施行）。

　カジノ事業者には、IR整備法第56条において取引時確認、確認記録の作成・保存、取引記録等の作成・保存、疑わしい取引の届出および取引時確認等を的確に行うための措置に関する義務が定められている。

　なお、近年、海外カジノサイトへのアクセス数が増加しているが、日本国内では、海外で合法的に運営されているオンラインカジノであってもオンラインカジノに接続して賭博を行う行為は賭博罪に該当する。「犯罪収益移転危険度調査書」においてもオンラインカジノを利用してマネー・ローンダリングを行う事例が紹介されている。

◆国家公安委員会「犯罪収益移転危険度調査書」（2023年12月）第3　1-2(1)
　および第5　1-コラム
◆警察庁JAFIC「犯罪収益移転防止に関する年次報告書」
◆警察庁JAFIC「犯罪収益移転防止法の概要」
◆警察庁ウェブサイト

宅地建物取引業者

real estate brokers

　マネロン・テロ資金供与対策の文脈において宅地建物取引業者とは、犯罪収益移転防止法第2条第2項第42号に掲げられた者をいう。

　その主な業務は、宅地もしくは建物の売買契約の締結またはその代理もしくは媒介である。

　不動産は、財産的価値が高く、多額の現金との交換を行うことができるほか、通常の価格に金額を上乗せして対価を支払うなどの方法により容易に犯罪による収益を移転することができることから、マネー・ローンダリング等の有効な手段となりうるものである。実際、売春や詐欺により得た収益が不動産の購入費用に充当されていた事例等が把握されていること等から、不動産は、マネー・ローンダリング等に悪用される危険性があり、近年では、資産の保全または投資を目的として不動産が購入される場合も多く、国内外の犯罪組織等が犯罪収益の形態を変換する目的で不動産取引を悪用する危険性もあると指摘されている。

　　　◆国家公安委員会「犯罪収益移転危険度調査書」（2023年12月）第5　　1－⑿
　　　◆警察庁JAFIC「犯罪収益移転防止法の概要」

宝石・貴金属等取扱事業者

dealers in precious metals and stones

　マネロン・テロ資金供与対策の文脈において宝石・貴金属等取扱事業者とは、犯罪収益移転防止法第2条第2項第43号に掲げられた者をいう。

　その主な業務は、宝石および貴金属等の売買および交換である。宝石および貴金属は、財産的価値が高く、世界的に流通しており、換金や運搬が容易であるとともに、取引後の流通経路・所在を追跡するための手段が少なく匿

第Ⅲ部　管理態勢とその有効性の検証・見直し　153

名性が高い。

　なかでも現金取引が中心の金地金については特に匿名性が強いことからマネー・ローンダリング等の有効な手段になる可能性が高い。実際、他人になりすますなどし、犯罪により得た現金で貴金属等を購入した事例があること等から、宝石および貴金属は、マネー・ローンダリング等に悪用される危険性があり、近年の金地金を取り巻く犯罪情勢等をふまえると、マネー・ローンダリング等に悪用される危険度は高まっているものと指摘されている。

　◆国家公安委員会「犯罪収益移転危険度調査書」（2023年12月）第5　1－⒀
　◆警察庁JAFIC「犯罪収益移転防止法の概要」

郵便物受取サービス業者

postal receiving service providers

　マネロン・テロ資金供与対策の文脈において郵便物受取サービス業者とは、犯罪収益移転防止法第2条第2項第44号に掲げられた者をいう。

　その主要業務は、自己の居所または事務所の所在地を顧客が郵便局を受け取る場所として用いることを許諾し、当該顧客宛ての郵便物を受け取り、これを当該顧客に引き渡すことである。これを利用することにより、顧客は、実際には占有していない場所を自己の住所として外部に表示し、郵便物を受け取ることが可能となる。

　郵便物受取サービスは、詐欺、違法物品の販売を伴う犯罪等において、犯罪による収益の送付先として悪用されている実態がある。本人特定事項を偽り当該サービスの役務提供契約を締結することにより、マネー・ローンダリング等の主体や犯罪による収益の帰属先を不透明にすることが可能となるため、郵便物受取サービスはマネー・ローンダリング等の有効な手段となりうる。実際、架空名義で契約した郵便物受取サービス業者宛てに犯罪による収益を送付させ、これを隠匿した事例があること等から、郵便物受取サービス

は、マネー・ローンダリング等に悪用される危険性があると指摘されている。

◆国家公安委員会「犯罪収益移転危険度調査書」（2023年12月）第5　1－⒁
◆警察庁JAFIC「犯罪収益移転防止法の概要」

電話受付代行業者

telephone receiving service providers

　マネロン・テロ資金供与対策の文脈において電話受付代行業者とは、犯罪収益移転防止法第2条第2項第44号に掲げられた者をいう。

　その主な業務は、自己の電話番号を顧客が連絡先の電話番号として用いることを許諾し、当該顧客宛ての当該電話番号に係る電話を受けて、その内容を当該顧客に連絡することである。これを利用することにより、顧客は、自宅や事務所の実際の電話番号とは別の電話番号を自己の電話番号として外部に表示し、連絡を受けることが可能となる。

　電話受付代行は、顧客が事業に関して架空の外観を作出してマネー・ローンダリング等の主体や犯罪による収益の帰属先を不透明にすることを可能とするなどの特性から、マネー・ローンダリング等に悪用される危険性があると指摘されている。

◆国家公安委員会「犯罪収益移転危険度調査書」（2023年12月）第5　1－⒂
◆警察庁JAFIC「犯罪収益移転防止法の概要」

電話転送サービス事業者

telephone forwarding service providers

　マネロン・テロ資金供与対策の文脈において電話転送サービス事業者と

第Ⅲ部　管理態勢とその有効性の検証・見直し　155

は、犯罪収益移転防止法第2条第2項第44号に掲げられた者をいう。

　その主な業務は、自己の電話番号を顧客が連絡先の電話番号として用いることを許諾し、当該顧客宛てのまたは当該顧客からの当該電話番号に係る電話を当該顧客が指定する電話番号に自動的に転送することである。顧客は、自宅や事務所の実際の電話番号とは別の電話番号を自己の電話番号として外部に表示し、連絡を受けることが可能となる。

　電話転送サービスは、顧客が事業に関して架空の外観を作出してマネー・ローンダリング等の主体や犯罪による収益の帰属先を不透明にすることを可能とするなど、マネー・ローンダリング等に悪用される危険性があると指摘されている。

◆国家公安委員会「犯罪収益移転危険度調査書」（2023年12月）第5　1－⒃
◆警察庁JAFIC「犯罪収益移転防止法の概要」

法律・会計専門家

legal/accounting professions

　マネロン・テロ資金供与対策の文脈において法律・会計専門家とは、犯罪収益移転防止法第2条第2項第45号に掲げられた者（弁護士および弁護士法人）、第46号に掲げられた者（司法書士および司法書士法人）、第47号に掲げられた者（行政書士および行政書士法人）、第48号に掲げられた者（公認会計士および監査法人）および第49号に掲げられた者（税理士および税理士法人）をいう。

　弁護士は、日本弁護士連合会に備えられた弁護士名簿に登録されなければならず、地方裁判所の管轄区域ごとに設立された弁護士会に所属しなければならない。その主な業務は、当事者その他関係人の依頼等によって、法律事務を行うことである。

　司法書士は、日本司法書士会連合会に備える司法書士名簿に登録されなけ

ればならない。その主な業務は、他人の依頼を受けて、登記に関する手続について代理し、またはこれに関する相談に応ずることや、簡裁訴訟代理等関係業務である。

　行政書士は、日本行政書士会連合会に備える行政書士名簿に登録されなければならない。その主な業務は、他人の依頼を受けて官公署に提出する書類その他権利義務または事実証明に関する書類を作成することのほか、書類を官公署に提出する手続について代理すること等である。

　公認会計士は、日本公認会計士協会に備える公認会計士名簿および外国公認会計士名簿に登録されなければならない。その主な業務は、財務書類の監査または証明をすることのほか、公認会計士の名称を用いて、財務書類を作成し、財務に関する調査もしくは立案を行い、または財務に関する相談に応ずることである。

　税理士は、日本税理士会連合会に備える税理士名簿に登録されなければならない。その主な業務は、税務官公署に対する租税に関する法令等に基づく申告、申請、請求、届出、報告、申立て等につき、代理・代行すること、税務書類の作成および税務相談のほか、これらに付随して、財務書類の作成、会計帳簿の記帳の代行その他財務に関する事務を業として行うことである。

　法律・会計専門家は、法律、会計等に関する高度の専門的知識を活かし、さまざまな取引行為に関与するとともに、高い社会的信用を得ている。一方で、犯罪による収益の移転を企図する者にとって、法律・会計専門家は、その目的にかなった財産の管理または処分を行ううえで必要な法律・会計上の専門的知識を有するとともに、その社会的信用が高いため、法律・会計専門家を取引や財産の管理に介在させることにより、これに正当性があるかのように見せかけることが可能である。

　また、FATF等は、銀行等に対するマネロン・テロ資金供与規制が実効をあげるのに伴い、犯罪者等は、銀行等を通じた不正送金にかえて、法律・会計専門家から専門的な助言を得、または社会的信用のある法律・会計専門家を取引行為に介在させるなどし、マネー・ローンダリング等を敢行するよう

第Ⅲ部　管理態勢とその有効性の検証・見直し　157

になってきたことを指摘している。

　上記のように法律・会計専門家は、法律、会計等に関する高度な専門的知識を有するとともに、社会的信用が高いことから、その職務や関連する事務を通じた取引等はマネー・ローンダリング等の有効な手段となりうる。実際、犯罪による収益の隠匿行為等を正当な取引であると仮装するために、法律・会計関係サービスを利用していた事例があること等から、法律・会計専門家が、不動産売買、会社等の設立・合併等、現預金・有価証券等の財産管理・処分、その他の行為の代理または代行を行うにあたっては、マネー・ローンダリング等に悪用される危険性があると指摘されている。

　2022年12月改正犯罪収益移転防止法により、法律・会計専門家のうち、司法書士・行政書士・公認会計士・税理士について、取引時確認を行う際には、本人特定事項の確認に加え、新たに取引目的等（取引を行う目的、職業・事業の内容、実質的支配者）の確認義務が追加された。

◆国家公安委員会「犯罪収益移転危険度調査書」（2023年12月）第5　1 −⒄
◆警察庁JAFIC「犯罪収益移転防止法の概要」

NPO（非営利団体）

non-profit organizations（NPOs）

　慈善、宗教、文化、教育、社会もしくは共済目的のため、または他の慈善行為を実施するために資金を調達し、支出する法人、法的取決め、もしくは法的組織である非営利団体をいう。

　FATFは、NPOが、①テロリスト団体の資金調達、②資産凍結措置を免れる目的を含む、テロ資金供与の受け皿、③慈善活動等の合法的な目的からテロ目的に流用するなどのかたちで悪用されやすいとし、加盟国に対し、自国のNPOのリスク評価や監督を求める一方、2023年11月の改定で、厳しい環境下で重要な役割を担うことが多いNPOの活動を阻害しないため、その

適用の明確化を行った（勧告 8 ）。

　国家公安委員会の犯罪収益移転危険度調査書の令和 5 年版（2023年版）で、わが国の非営利団体については所管する行政庁がそれぞれリスク評価を行い、リスクベースでモニタリングを実施しているとして、所管する行政庁によるリスク評価結果を説明している。

　それらもふまえた危険度の評価では、テロ行為が実行されている地域やその周辺において活動している非営利団体や、相当量の資金を取り扱い、海外への送金や海外で現金の取扱いを行う非営利団体、休眠状態にあるなど、法人としての実体が不明瞭な非営利団体についてはテロ資金供与に悪用される危険度は高まると指摘する。もっとも、日本では非営利団体がテロ資金供与に悪用されたとして摘発された事例は認められておらず、海外で活動する非営利団体も限定的であることから、わが国の非営利団体がテロ資金供与に悪用されるリスクは総合的に低いと結論している。

　なお、日本において、ＦＡＴＦの定義に相当するＮＰＯは、特定非営利活動法人、公益法人、学校法人、宗教法人、医療法人および社会福祉法人である。

◆FATF勧告 8 （非営利団体）
◆内閣府「NPO法人のテロ資金供与対策のためのガイダンス」
◆国家公安委員会「犯罪収益移転危険度調査書」（2023年12月）第 4 　 3 -⑵

第Ⅲ部　管理態勢とその有効性の検証・見直し　159

［資料］
実際に発生したマネロン等に係る事案

　マネー・ローンダリングやテロ資金供与の手口は巧妙です。金融機関の職員が、申込みを受けている目の前の取引には、違法・不当な意図が隠され、あたかも正常・正当な取引であるかのように仮装されたものであると見破ることは、容易ではありません。

　しかし、これまで検挙されたマネロン事例をみると、取引回数・金額、取引態様などには特徴があることがわかります。

　国家公安委員会の「犯罪収益移転危険度調査書」や警察庁の犯罪収益移転防止対策室（JAFIC）の「犯罪収益移転防止に関する年次報告書」、金融庁「取組と課題」（2023年版までは「現状と課題」）、財務省の「外国為替検査不備事項指摘等事例集」などからそれらの特徴を学ぶとともに、それらから得た知識を具体的な事例に当てはめ、「何がどのように怪しいか」を自分で考え、日頃からリスク感性を磨いておくことが大切です。

　以下、金融庁や警察庁の報告書、報道記事で取り上げられたマネロン等事案を紹介します。

大手行を避け、小規模金融機関で不審な送金が行われた事例
【金融庁「現状と課題」（2018年8月）より】

　違法な販売等を行ったとして行政処分を受けた事業者（法人Ａ）が、処分等を端緒に、大手銀行等の取引金融機関から口座解約や厳格な取引時確認を受けることとなり、当該販売等から得た利益の移転がむずかしくなった。

　こうしたなか、法人Ａの役員Ｘが代表取締役である関連会社（法人Ｂ）が、これまで法人Ａや役員Ｘとは取引がなかった信用組合Ａに法人Ｂ名義の口座を開設

160

し、法人Ａの販売等に係る資金（億円単位）を当該信用組合の法人口座Ｂを経由して、インターネットバンキング取引により、振り込まれた資金を即日、他の大手銀行にある個人や決済代行業者の口座に送金していた。

☞取引時確認

不自然な送金が実行された事例
【金融庁「現状と課題」（2018 年 8 月）より】

　顧客がこれまで個人取引を行っていた金融機関の支店や他の支店に、複数回にわたって現金を持参し、そのつど、口座への入金および海外への送金を依頼し、送金目的については、資料を提示しながら海外法人への貸付と説明していた。

　多額の現金を持参して、口座に入金、全額を貸付金の名目で海外に送金するという、当該顧客ではこれまでにない不自然な取引形態であったにもかかわらず、送金目的の合理性や送金先企業の実態・代表者の属性、資金源等、送金のリスクについて実質的に検証が行われないまま、複数回の高額送金が看過された。

☞顧客管理

金融サービスがマネー・ローンダリング等に悪用されたその他の事例【国家公安委員会「犯罪収益移転危険度調査書」（2018 年 12 月）より】

　預貯金口座がマネー・ローンダリングに悪用された事例として、本国に帰国した外国人や死者の口座について、解約手続等の措置をとることなく利用し、詐欺や窃盗等の犯罪による収益を収受または隠匿した事例や、金銭の対価を得る目的で売却された口座、架空名義で開設された口座、不正に開設された営業実態のない会社名義の口座等を利用し、犯罪による収益を収受または隠匿した事例などもある。

☞顧客管理

［資料］　実際に発生したマネロン等に係る事案　161

暗号資産交換業者におけるトラベルルール対応が不十分な事例
【金融庁「取組と課題」（2024年6月）より】

　暗号資産交換業者Ａ社は、通知システム（情報通知インフラとしてのコンプライアンスツール）の互換性がない暗号資産交換業者に対し、必要な通知を行わずに暗号資産を移転した。暗号資産交換業者Ｂ社は、顧客から暗号資産の外部への移転指示を受けた際、顧客が提示した移転先がトラベルルールの対象法域の外国暗号資産交換業者であるかどうかの調査を完了させていないにもかかわらず、移転先である法域対象国の外国暗号資産交換業者が管理するウォレットをアンホステッド・ウォレットと同等の扱いとして、通知を行わないまま暗号資産を移転した。暗号資産交換業者Ｃ社は、顧客から暗号資産の外部への移転指示を受けた際、所定のリストから移転先を顧客に選択させる仕様としていた。こうしたなか、Ｃ社は、リストに示された移転先に関する最新のステータスを十分に調査・確認していなかったことから、移転先の暗号資産交換業者が非要通知先から要通知先へ変わっていたにもかかわらず、当該暗号資産交換業者への通知を行わないまま暗号資産を移転した。

☞図表１－７

暗号資産を使ってマネー・ローンダリングが行われた事例
【2023年5月報道資料より】

　愛知県内の女性が架空の保険料名目で39回にわたってお金をだまし取られた被害金約1,760万円が、暗号資産に換えられて口座を転々とし、その後、再び現金に戻されていた。警察庁サイバー特別捜査隊が取引記録を解明し、愛知県警が口座を管理していた男2人を詐欺容疑で逮捕した。

　被害金の振込先は、SNSの闇バイトに応じた人物が開設した口座で、その後、全額が暗号資産に換えられていた。口座に送られた暗号資産は計約6億円分にのぼり、県警はマネー・ローンダリングを図った疑いがあるとみている。

☞取引時確認

銀行口座を介して約80回にわたり多額の送金が行われた事例
【2024年4月報道資料より】

　会社社長が2022年の2カ月弱の間に、会社資金を多数の口座に向けて、1回数百万円以上の単位で約80回、合計約4億6,000万円を送金した際、銀行は犯罪収益移転防止法などに基づく送金目的などの確認の徹底を実施していなかった。

　同社長は、SNSで知り合った外国籍を名乗る人物から投資を勧誘され、指定された外国人名義などの複数の個人口座に個人資金を送金。さらに増額を求められ、会社資金を複数行の口座に移動させ、各行口座からの送金を依頼した。

☞取引時確認

約4,000の法人口座が特殊詐欺に悪用された事例
【2024年6月報道資料より】

　大阪府警は2024年5月、不正に開設した法人口座を使って犯罪収益をマネー・ローンダリングしたとして、組織の幹部らを逮捕した。同組織が管理していた法人口座は、特殊詐欺の詐取金やオンラインカジノの賭け金などさまざまな犯罪集団の資金洗浄の受け皿となり、同組織は、この口座から別の管理口座への資金移動を繰り返し、最終的に海外口座へも送金しており、資金の流れを容易にたどれないようにしたうえで、最終的に犯罪集団側に還流していたとみられる。

　本件では、実体のない約500のペーパー会社が開設した約4,000の口座が悪用され、SNSや知人を介して集めた口座開設役に対して、金融機関に不審がられないよう「指南書」を提供し、口座開設のためのノウハウを伝えていた。

☞取引時確認

［資料］　実際に発生したマネロン等に係る事案　163

北朝鮮在住の相続人に対する無許可支払の事例
【財務省「外国為替検査不備事項指摘等事例集」(2018年7月6日)より】

　日本在住のＡが死亡し、その親族Ｘらに対する相続が開始されたところ、Ａの親族で北朝鮮在住のＹが相続権を主張。日本から北朝鮮への銀行送金ができないため、ＹはＸに対し、中国経由で日朝間を往来している代理人弁護士Ｂに自分の相続分を渡すよう指示。これを受けてＸは、都内の銀行Ｃに出向いてＢ名義の口座（邦銀の本邦店）への送金を指示。銀行Ｃは、送金目的を特に確認せずに送金を処理した。Ｂは口座から当該資金を引き出し、北京経由で北朝鮮に渡航し、Ｙに相続財産を手渡した。

　この事例では、代理人Ｂが仲介しているものの、実質の支払はＸから北朝鮮在住のＹに対して行われているため、外為法に基づく対北朝鮮支払（送金）原則禁止措置に違反（Ｘの無許可による支払に当たる）。

☞図表1－9

外銀本店にある凍結口座への無許可送金に関する事例
【財務省「外国為替検査不備事項指摘等事例集」(2018年7月6日)より】

　EU、米国および日本は、国際協調のかたちでシリアのアサド政権およびその政府関係機関に対する資産凍結等の措置を実施しており、そのなかにはシリア中央銀行も含まれている。

　EUがシリア中央銀行への制裁を発動したことを受けて、欧州に本店を有する外銀Ａは、在外支店が保有するシリア中銀名義の資産を本店で集中管理することとし、同行東京支店に対し、移管を指示した。シリア中央銀行の預金を有する同行東京支店は、外為法に基づき、当該口座に対する凍結措置を行っていたが、本店の指示を受けて、外為法に基づく許可をとらずに当該資金を本店に移管した。

　東京支店の担当者は、行内の本支店勘定の付替えであり、移管後も本店で凍結されるため、外為法の許可は必要ないものと、誤った法令解釈をしていた。

☞図表1－9

ロシア向けのバルク送金の事例（注：対ロシア制裁発動前の事例）
【財務省北海道財務局説明会資料（2019年4月）より】

　X（個人）は、地元のA信用金庫を通じて反復継続的にロシア国営銀行向けの送金を行っていた。当該外国送金は東京の中継金融機関Bを介して行われていたが、ロシアの受取銀行が欧米の制裁対象に指定されたことから、中継金融機関BはA信用金庫に対し送金内容等を照会した（注：日本はこの時点で当該ロシア銀行への制裁は実施していなかった）。

　A信用金庫がXに送金内容等を確認したところ、Xが地元の複数の業者からの送金を取りまとめて代行していたことがわかり、またXが、A信用金庫に対し、資金の出所や送金目的を正しく申告していなかったことも判明した。

　金融庁ガイドライン（⑷海外送金等を行う場合の留意点）は、送金人が自らの直接の顧客でない場合であっても、制裁リスト等との照合のみならず、コルレス先や委託元金融機関等と連携しながら、リスクに応じた厳格な顧客管理を行うことを必要に応じて検討することを求めている。この事例は、中継金融機関において、このガイドラインの要請が適切に実施されたケースと考えられる。

外為法に基づく確認義務の不履行に関する事例
【2022年11月報道資料より】

　大手銀行Xにおいてシステム障害が発生し、システム復旧までの間に多数の外国送金が滞留した。システム復旧後、銀行Xは、遅延した多数の送金の処理を急ぐあまり、通常行っている制裁対象者に関する確認義務の履行を適切に行わなかった。

　この処理にあたっては、銀行Xの関係部署間において、外為法令に関する認識にギャップがあり、またコミュニケーション不足等もあった。この一連の処理に

［資料］　実際に発生したマネロン等に係る事案　165

関し、財務省は、外為法に基づく是正命令措置を行い、金融庁も、銀行法に基づく業務改善命令を行った。

この事例に限らず、経済制裁やマネロン対策等への対応に係る不適切な処理事案では、複数にまたがる担当部署や本支店間におけるコミュニケーション・ギャップに起因するポテンヒットが多いとされる。

■ 事項索引 ■

［略語］

DNFBP（特定非金融業者／職業専門家）……………………… 14,49,108

FATF（Financial Action Task Force）……………………… 8

FATF勧告 ……………………………………………………… 41

　―対応法 ……………………………………………………… 46

　―の解釈ノート ……………………………………………… 44

FATF相互審査 ………………………………………………… 44

　―のフォローアップ・プロセス …………………………… 50

　―のメソドロジー …………………………………………… 11,47

FATFの第4次対日相互審査結果報告書 …………………… 9

FinTech ………………………………………………………… 109

FIU（金融情報機関）………………………………………… 77

ITシステムの活用 …………………………………………… 98

JAFIC（犯罪収益移転防止対策室）………………………… 77

NPO（非営利団体）…………………………………………… 158

OFAC（米国財務省外国資産管理局）……………………… 35

RMA（relationship management application）…………… 102

RPA（robotic process automation）……………………… 110

SWIFT …………………………………………………………… 101

［あ行］

暗号資産交換業者 ……………………………………………… 148

異常取引 ………………………………………………………… 96

インターネットバンキング …………………………………… 80

ウォルフスバーグ・グループ ………………………………… 54

疑わしい取引の参考事例 ……………………………………… 78

疑わしい取引の届出 …………………………………………… 20,76

［か行］

海外送金 ………………………………………………………… 100

外国PEPs ……………………………………………………… 86,91

外国為替及び外国貿易法（外為法）………………………… 25

外国為替検査 …………………………………………………… 26

外国為替取引等取扱業者遵守基準 …………………………… 2

外国人（顧客の本人確認）…………………………………… 90

事項索引　167

外為法遵守ガイドライン ……………………………… 27

拡散金融 ……………………………………………… 7, 34

拡散金融リスク評価書 ……………………………… 75

確認記録 ……………………………………………… 97

貸金業者等 …………………………………………… 144

貸金庫 ………………………………………………… 141

カジノ事業者 ………………………………………… 152

カバー送金 …………………………………………… 105

為替取引分析業 …………………………………… 112, 133

簡素な顧客管理 ……………………………………… 93

カントリーリスク …………………………………… 141

技術的（法令）遵守状況 …………………………… 47

キャッチオール規制 ………………………………… 33

休眠口座 ……………………………………………… 82

共生者 ………………………………………………… 139

業務委託先 …………………………………………… 103

記録の保存 …………………………………………… 97

金融活動作業部会（FATF） ………………………… 40

金融サービスの不正利用対策 …………………… 15, 73

金融システム ………………………………………… 19

金融商品取引業者／商品先物取引業者等 ………… 143

金融庁ガイドライン ………………………………… 2

金融庁によるモニタリング ………………………… 131

金融包摂 ……………………………………………… 109

グループベースの管理態勢 ………………………… 128

クレジットカード事業者 …………………………… 151

経営陣の関与・理解 ………………………………… 125

経済制裁措置または資産凍結等の措置 …………… 28

継続的顧客管理 …………………………………… 70, 84, 121

厳格な顧客管理（EDD） ……………… 32, 69, 82, 87, 92

厳格な取引時確認 …………………………………… 92

高額電子移転可能型前払式支払手段の発行者 …… 20, 146

公証人による「申告受理及び認証証明書」 ……… 90

公的個人認証サービス ……………………………… 88

高リスク取引 ……………………………………… 69, 86

顧客管理（カスタマー・デュー・ディリジェンス） … 81, 84, 87, 93

顧客の受入れに関する方針（顧客受入方針） …… 94

168

国際テロリスト財産凍結法 ……………………………………………… 39
国民を詐欺から守るための総合対策 ………………………………… 16,136
個人情報保護法 ………………………………………………………… 129
個人番号（マイナンバー）カード …………………………………… 83
コルレス契約 …………………………………………………………… 101

[さ行]
シェルバンク …………………………………………………………… 102
資金移動業者 ………………………………………………… 15,28,145
資金決済法 ……………………………………………………… 132,147
資金使途規制 …………………………………………………………… 34
実質的支配者（受益者）……………………………………………… 88
実質的支配者リスト制度 ……………………………………………… 89
自動照合システム ……………………………………………………… 37
職員の確保、育成等 …………………………………………………… 130
シリアル送金 …………………………………………………………… 105
信託会社等 ……………………………………………………………… 144
真の口座保有者 ………………………………………………………… 77
ステークホルダー ……………………………………………………… 5
制裁対象者リスト（制裁リスト）…………………………………… 32
制裁対象取引 …………………………………………………………… 96
セカンダリー・サンクション（制裁の域外適用）………………… 36
全銀協参考例 …………………………………………………………… 84
先進的な取組み事例 …………………………………………………… 56
送金取扱金融機関等 …………………………………………………… 36
組織的犯罪処罰法 ……………………………………………………… 38
組織犯罪対策要綱 ……………………………………………………… 38

[た行]
第1の防衛線（第1線）……………………………………………… 126
第2の防衛線（第2線）……………………………………………… 127
第3の防衛線（第3線）……………………………………………… 128
対応が期待される事項 ………………………………………………… 2,55
対応が求められる事項 ………………………………………………… 2,55
宅地建物取引業者 ……………………………………………………… 153
団体 ……………………………………………………………………… 111
中継金融機関 …………………………………………………………… 104

事項索引　169

データ管理（データ・ガバナンス）‥‥‥‥‥‥‥‥‥‥‥‥ 98
データクレンジング ‥‥‥‥‥‥‥‥‥‥‥‥‥‥‥‥‥‥‥ 100
デジタル社会の実現に向けた重点計画 ‥‥‥‥‥‥‥‥‥‥ 137
デ・リスキング ‥‥‥‥‥‥‥‥‥‥‥‥‥‥‥‥‥‥‥‥‥ 80
テロ資金提供処罰法 ‥‥‥‥‥‥‥‥‥‥‥‥‥‥‥‥‥‥ 134
電子決済手段等取引業者 ‥‥‥‥‥‥‥‥‥‥‥‥ 15, 20, 147
電子決済等取扱業者 ‥‥‥‥‥‥‥‥‥‥‥‥‥‥‥ 20, 148
電信送金 ‥‥‥‥‥‥‥‥‥‥‥‥‥‥‥‥‥‥‥‥‥‥‥ 104
電話受付代行業者 ‥‥‥‥‥‥‥‥‥‥‥‥‥‥‥‥‥‥‥ 155
電話転送サービス事業者 ‥‥‥‥‥‥‥‥‥‥‥‥‥‥‥‥ 155
特定国等 ‥‥‥‥‥‥‥‥‥‥‥‥‥‥‥‥‥‥‥‥‥ 86, 92
特定事業者 ‥‥‥‥‥‥‥‥‥‥‥‥‥‥‥ 14, 20, 75, 85
特定事業者作成書面 ‥‥‥‥‥‥‥‥‥‥‥‥‥‥‥‥‥‥ 24
特定取引 ‥‥‥‥‥‥‥‥‥‥‥‥‥‥‥‥‥‥‥‥‥ 21, 85
特定非金融業者／職業専門家（DNFBP）‥‥‥‥ 14, 49, 108
トラベルルール ‥‥‥‥‥‥‥‥‥‥‥‥‥‥‥‥‥‥‥‥ 106
取次金融機関等 ‥‥‥‥‥‥‥‥‥‥‥‥‥‥‥‥‥‥‥‥ 37
取引時確認 ‥‥‥‥‥‥‥‥‥‥‥‥‥‥‥ 15, 20, 23, 83
取引モニタリング・フィルタリング ‥‥‥‥‥‥‥‥‥‥‥ 95

[は行]
バーゼル銀行監督委員会（BCBS）‥‥‥‥‥‥‥‥‥‥ 9, 53
犯罪収益移転危険度調査書 ‥‥‥‥‥‥‥‥‥‥‥‥‥‥‥ 75
犯罪収益移転防止対策室（JAFIC）‥‥‥‥‥‥‥‥‥‥‥ 77
犯罪による収益の移転防止に関する法律（犯罪収益移転防止法）‥‥‥‥ 20, 61
犯罪利用預金口座等 ‥‥‥‥‥‥‥‥‥‥‥‥‥‥‥‥‥‥ 136
反社会的勢力 ‥‥‥‥‥‥‥‥‥‥‥‥‥‥‥‥‥‥‥‥‥ 139
非対面決済 ‥‥‥‥‥‥‥‥‥‥‥‥‥‥‥‥‥‥‥‥‥‥ 81
ファイナンスリース事業者 ‥‥‥‥‥‥‥‥‥‥‥‥‥‥‥ 150
フォワード・ルッキング ‥‥‥‥‥‥‥‥‥‥‥‥‥‥‥‥ 56
振り込め詐欺救済法 ‥‥‥‥‥‥‥‥‥‥‥‥‥‥‥‥‥‥ 135
ブロックチェーン分析ツール ‥‥‥‥‥‥‥‥‥‥‥‥‥‥ 106
ペイヤブル・スルー・アカウント ‥‥‥‥‥‥‥‥‥‥‥‥ 108
貿易規制 ‥‥‥‥‥‥‥‥‥‥‥‥‥‥‥‥‥‥‥‥‥‥‥ 32
法人成り ‥‥‥‥‥‥‥‥‥‥‥‥‥‥‥‥‥‥‥‥‥‥‥ 111
宝石・貴金属等取扱事業者 ‥‥‥‥‥‥‥‥‥‥‥‥‥‥‥ 153
暴排（反社排除）条項 ‥‥‥‥‥‥‥‥‥‥‥‥‥‥‥‥‥ 138

法律・会計専門家 ……………………………………………………………… 156
暴力団対策法 …………………………………………………………………… 137
保険会社等 ……………………………………………………………………… 142

[ま行]

マネーミュール ………………………………………………………………… 146
マネー・ローンダリングおよびテロ資金供与対策（AML/CFT）…………… 18
マネー・ローンダリング対策共同機構 ……………………………………… 11
3つの防衛線 …………………………………………………………………… 126
モデル・リスク管理に関する原則 …………………………………………… 99

[や行]

有効性審査 ……………………………………………………………………… 48
有効性に関する評価 …………………………………………………………… 10
郵便物受取サービス業者 ……………………………………………………… 154
輸出入取引等に係る資金の融通および信用の供与等（貿易金融）………… 107
預金取扱金融機関 ……………………………………………………………… 140

[ら行]

リスク
　―許容度 ……………………………………………………………………… 81
　―スコアリング ……………………………………………………………… 94
　―の低減 ……………………………………………………………… 3,5,59,79,80
　―の特定 ……………………………………………………………… 3,5,62,78
　―の評価 ……………………………………………………………… 3,5,62,79
リスクベース・アプローチ（RBA）……………………………………… 3,5,39,62,75
両替業者 ………………………………………………………………………… 149

[English]

Act for Punishment of Organized Crimes, Control of Crime Proceeds and
　Other Matters ……………………………………………………………… 38
Act on Damage Recovery Benefit Distributed from Fund in Bank Accounts
　Used for Crimes …………………………………………………………… 135
Act on International Terrorist Assets-Freezing（Act on Special Measures
　Concerning International Terrorist Assets-Freezing, etc.）……………… 39
Act on Prevention of Transfer of Criminal Proceeds ……………………… 20
Act on Punishment of Financing of Offences of Public Intimidation ………… 134

事項索引　171

Act on the Protection of Personal Information ·· 129
activity-based sanctions ··· 34
AML/CFT Risk assessment by specified business operators ····················· 24
anti social forces ·· 139
Anti-Boryokudan Act (Act on Prevention of Unjust Acts by Organized
　Crime Group Members) ·· 137
Anti-Money Laundering (AML) / Countering the Financing of Terrorism
　(CFT) ·· 18
assessing the ML/TF risks ·· 79
automatic checking system ·· 37
bank accounts used for crimes ·· 136
Basel Committee on Banking Supervision ··· 9
Basel Committee on Banking Supervision (BCBS) ································· 53
beneficial owner ·· 88
beneficial ownership of legal persons list system ···································· 89
blockchain analytics tools ··· 106
cases of advanced practices ·· 56
casino business operators ·· 152
catch-all controls ··· 33
Comprehensive Measures to Protect People from Frauds ······················· 136
Cooperation agency for Anti-Money Laundering (CAML) ······················ 112
correspondent banking arrangement ·· 101
counter proliferation financing (CPF) ··· 34
cover payment ··· 105
credit card operators ··· 151
crypt asset exchange service providers ··· 148
currency exchanging operators ··· 149
customer acceptance policies ··· 94
customer due diligence (CDD) ·· 81
customer identification ··· 23
data cleaning ·· 100
data management, data governance ··· 98
dealers in precious metals and stones ··· 153
deposit-taking institutions ··· 140
de-risking ··· 80
designated non-financial businesses or professions (DNFBP) ··············· 49,108
dormant account ·· 82

economic sanctions, asset freezeing measures ·· 28

electronic payment instruments services provider ···································· 147

enhanced due diligence（EDD）··· 82,92

Exclusion of Anti-Social Forces ··· 138

expected actions ··· 55

FATF 4th round of Mutual Evaluation Report of Japan Results ·················· 9

FATF Follow-up Process ··· 50

FATF Methodologies ··· 47

FATF Mutual Evaluations ··· 44

FATF Recommendations ··· 42

Financial Action Task Force（FATF）····························· 8,40

financial inclusion ··· 109

financial instruments business operators, commodity derivatives business
  operators, etc. ··· 143

financial intelligence unit（FIU）··· 77

financial leasing operators ··· 150

financial system ··· 19

first line of defense ··· 126

Foreign Exchange and Foreign Trade Act ································· 25

Foreign Exchange Inspection ··· 26

Foreign Exchange Inspection Guideline ···································· 27

foreign remittance ··· 100

forward looking ··· 56

funds transfer service providers ·· 145

funds transfer transaction analysis Services ································ 133

group/organization ··· 111

group-wide risk management ··· 128

high risk transactions ··· 86

human resource, development, etc. ······································· 130

Identification of foreign /non-resident customers ························· 90

identify the ML/TF risks ··· 78

immediate outcome（IO）··· 48

Incorporating ··· 111

individual number card（"My Number Card"）·························· 83

insurance companies, etc. ··· 142

intermediary financial institutions ·· 104

intermediary financial institutions, etc. ···································· 37

事項索引　173

internet banking ·· 80

Interpretive Notes to the FATF Recommendations ···················· 44

involvement and understanding of management ······················· 125

issuer of high-value electronically transferable prepaid payment instruments

··· 146

legal/accounting professions ······································· 156

mitigating the ML/TF risks ··· 79

model terms and condition by Japanese Bankers Association ···················· 84

money lenders, etc. ·· 144

money mule ··· 146

monitoring by the FSA ·· 131

multi-pronged approach ·· 111

Mutual Evaluation Report：MER ······································· 50

National Risk Assessment of Money Laundering and Terrorist Financing
(NRA) ··· 75

National risk assessment of proliferation financing in JAPAN ···················· 75

non face-to-face payment ·· 81

non-profit organizations（NPOs）······································· 158

notarization, certification by notaries ······························· 90

Office of Foreign Assets Control ·· 35

ongoing（customer）due diligence ······································ 84

Organized crime countermeasures guidelines ······················ 38

outsourced entity ·· 103

payable-through accounts ·· 108

Payment Services Act ··· 132

politically exposed persons（PEPs）···································· 86

postal receiving service providers ······································· 154

principles for model risk management ································· 99

Priority Policy Program for Realizing Digital Society ··············· 137

proliferation financing（PF）··· 34

public certification service for individuals ···························· 88

real estate brokers ·· 153

record keeping ·· 97

regulations on trade ·· 32

relationship management application ···································· 102

remittance handling financial institutions, etc. ····················· 36

required actions ·· 55

174

マネロン・テロ資金供与対策キーワード144【第4版】

2025年 2 月14日	第 1 刷発行
2018年 5 月22日	『マネロン・テロ資金供与対策キーワード100』 初版発行
2019年 6 月27日	第 2 版発行
2021年 6 月30日	第 3 版発行

編著者　EYストラテジー・アンド・コンサルティング

発行者　加　藤　一　浩

〒160-8519　東京都新宿区南元町19

発　行　所　一般社団法人 金融財政事情研究会

出　版　部　TEL 03(3355)2251　FAX 03(3357)7416

販売受付　TEL 03(3358)2891　FAX 03(3358)0037

URL https://www.kinzai.jp/

校正:株式会社友人社／印刷:三松堂株式会社

・本書の内容の一部あるいは全部を無断で複写・複製・転訳載すること、および磁気または光記録媒体、コンピュータネットワーク上等へ入力することは、法律で認められた場合を除き、著作者および出版社の権利の侵害となります。
・落丁・乱丁本はお取替えいたします。定価は表紙に表示してあります。

ISBN978-4-322-14506-9

risk scoring ········ 94

risk tolerance ········ 81

risk-based approach（RBA）········ 39

robotic process automation（RPA）········ 110

safe-deposit Box ········ 141

sanctions list ········ 32

second line of defense ········ 127

secondary sanctions ········ 36

serial payment ········ 105

shell bank ········ 102

simplified due diligence（SDD）········ 82

simplified due diligence（SDD）········ 93

Society for Worldwide Interbank Financial Telecommunication ········ 101

specified business operators ········ 20

specified jurisdiction, etc. ········ 92

specified transactions ········ 85

stakeholder ········ 57

straight through processing ········ 106

suspicious transaction report ········ 72

suspicious transaction report, suspicious activity report ········ 76

technical compliance, Effectiveness ········ 47

telephone forwarding service providers ········ 155

telephone receiving service providers ········ 155

third line of defense ········ 128

three lines of defense ········ 126

trade finance ········ 107

transaction monitoring and transaction filtering ········ 95

transactions subject to economic sanctions ········ 96

travel rule ········ 106

true account holder ········ 77

trust companies, etc. ········ 144

unusual large transactions, or unusual patterns of transactions ········ 96

utilizing IT systems ········ 98

verification records ········ 97

wire transfers ········ 104

Wolfsburg Group ········ 9,54

事項索引 175